本书出版得到以下项目资助：

广东省教育厅质量工程项目——广东技术师范学院会计学专业综合改革试点项目

广东省应用型人才培养示范专业——广东技术师范学院财务会计教育专业试点项目

产品设计阶段的成本管理研究

蔡军　著

暨南大學出版社
JINAN UNIVERSITY PRESS

中国·广州

图书在版编目（CIP）数据

产品设计阶段的成本管理研究/蔡军著. —广州：暨南大学出版社，2017. 11
ISBN 978 -7 -5668 -2226 -0

Ⅰ. ①产…　Ⅱ. ①蔡…　Ⅲ. ①产品设计—成本管理—研究　Ⅳ. ①F273. 2

中国版本图书馆 CIP 数据核字（2017）第 258302 号

产品设计阶段的成本管理研究
CHANPIN SHEJI JIEDUAN DE CHENGBEN GUANLI YANJIU
著　者：蔡　军

出 版 人：徐义雄
策划编辑：潘雅琴
责任编辑：黄志波
责任校对：邓丽藤
责任印制：汤慧君　周一丹

出版发行：暨南大学出版社（510630）
电　　话：总编室（8620）85221601
营销部（8620）85225284　85228291　85228292（邮购）
传　　真：（8620）85221583（办公室）　85223774（营销部）
网　　址：http：//www. jnupress. com
排　　版：广州市天河星辰文化发展部照排中心
印　　刷：佛山市浩文彩色印刷有限公司
开　　本：787mm×960mm　1/16
印　　张：10. 25
字　　数：180 千
版　　次：2017 年 11 月第 1 版
印　　次：2017 年 11 月第 1 次
定　　价：35. 00 元

前　言

机械产品设计过程的费用虽然只占产品总成本的5%，但是决定了70%～80%的产品成本，这就决定了产品设计阶段进行成本管理的重要性。而现行的机械产品设计阶段的成本控制管理研究多见于工程学领域，会计学领域的成本管理研究大多集中在制造环节，产品设计阶段的成本管理研究无论是理论上还是技术上都尚未成熟。

笔者多年从事产品设计阶段的成本管理研究，在本书中，笔者首先阐述了该内容的研究背景与研究意义，对国内外产品设计阶段性研究进展与成果进行了动态追踪与梳理，在此基础上，运用全新的视角，从会计学角度出发，结合工程设计方面的理论与知识，将会计学中目标成本管理与作业成本管理的思路融合到机械产品设计的各个过程中，在分析评价两大战略成本管理的方法——作业成本法与成本企划的基础上，形成产品设计阶段成本管理的理论基石——“目标—作业”成本管理体系，将其与产品设计过程紧密联系，对该模式的基本框架、主要特征、流程与方法体系及优点进行了详细阐述。随后，依据机械产品生命周期成本及并行设计的特性，笔者解决了在产品设计之初成本信息不足的情况下，确定产品级目标成本问题，并采用层次分析法（AHP法）对确定的产品级目标成本作出初步评价。随着功能模块的划分同步进行目标成本的分解，笔者提出采用数据包络分析法（DEA法）对功能级子目标成本进行评价。

影响产品成本的细节因素非常多，笔者从全生命周期成本角度，重点分析了产量、体积、尺寸与材料四个因素对准备成本和材料成本的影响，建立一个量化的模型，从原型产品的原有成本结构推导出改型产品的新的成本结构，以利于寻找成本降低的重点，并在定量与定性分析基础上，提出各因素的成本控制规则。对于影响加工成本的工艺与装配流程，本书在分析流程特点与成本影响因素基础上，总结出低成本的工艺与装配形状设计规则与组织措施。在详细分析成本各项目及约束关系基础上，本书构建了贯穿机械产品设计全过程的产生—框架式成本知识表示体系，并从对象与关系映射、推理等方面论述在知识库中保证其实现的方式。在此基础上，本书利用知识推理机制，寻求成本降低的策略，制定具体的成本降低措施及评价机制。

本书的创新之处主要体现在三个方面：提出了并行工程与协同设计环境中，支持机械产品设计全过程的“目标—作业”成本管理理论，建立了产品级与功能级两层目标成本确定及评价反馈模型；通过影响成本的各项因素分析及流程分析，明确了成本控制重点并提出了低成本的形状设计规则，从而实现目标成本的求解；采用产生—框架式的知识表示方法，构建了基于知识管理的降低成本决策支持体系。

目 录

前 言 …… 1

第一章 绪 论 …… 1
第一节 研究背景与意义 …… 2
第二节 工程学领域产品设计阶段成本问题研究综述 …… 4
第三节 会计学领域产品设计阶段成本问题研究综述 …… 8
第四节 目前研究存在的主要问题 …… 11
第五节 研究思路与结构 …… 15
第六节 创新之处 …… 17

第二章 产品设计与成本管理相关理论与方法 …… 19
第一节 产品设计内涵 …… 20
第二节 产品生命周期与并行工程 …… 26
第三节 作业成本法与成本企划 …… 30
第四节 知识管理 …… 37

第三章 构建“目标—作业”成本管理体系 …… 43
第一节 “目标—作业”成本管理体系的基本框架 …… 44
第二节 “目标—作业”成本管理体系的主要特征 …… 46
第三节 “目标—作业”成本管理流程与方法体系 …… 47
第四节 “目标—作业”成本管理体系的优点 …… 52

第四章 目标成本的确定及评价 …… 55
第一节 产品级目标成本的确定 …… 56
第二节 采用 AHP 法评价产品级目标成本方案 …… 60
第三节 目标成本的分解 …… 63

第四节　功能级目标成本的评价 …………………………………… 68

第五章　影响成本的关键因素及控制规则研究 ………………………… 75
第一节　成本影响因素分析及控制规则 …………………………… 76
第二节　加工成本分析及低成本设计规则 ………………………… 88
第三节　产品设计中的成本控制流程与一般性措施 ……………… 97

第六章　产品设计成本控制的知识模式构建 ………………………… 103
第一节　成本控制知识范围及特征分析 …………………………… 104
第二节　产生—框架式成本知识表示 ……………………………… 107
第三节　成本知识库组织及推理 …………………………………… 117
第四节　成本控制知识模式的实现 ………………………………… 120

第七章　设计阶段成本管理应用实例 ………………………………… 125
第一节　背景描述 …………………………………………………… 126
第二节　“目标—作业”成本管理实施 ……………………………… 127
第三节　利用知识管理寻找解决方案 ……………………………… 136
第四节　设计方案实现 ……………………………………………… 140
第五节　总结及结论 ………………………………………………… 141

第八章　结束语 ………………………………………………………… 143

参考文献 ………………………………………………………………… 146

后　记 …………………………………………………………………… 158

第一章

绪　论

第一节　研究背景与意义

一、研究背景

在产品市场竞争日益激烈的今天，成本成为决定产品竞争力的重要因素。为保证核心竞争力，企业在保证产品功能与质量、差异化与重点化的同时，必须降低成本。影响产品成本的因素贯穿于整个产品生命周期，但传统的成本控制局限于企业内部的采购、生产、销售三个过程，未考虑产品生命周期，也未考虑企业外部的竞争者、客户、供应商等环境因素，这样的成本管理的范围狭窄，造成成本的降低幅度有限。可见，产品成本很大程度上是由产品设计阶段决定的。对于机械产品，如图1-1所示，设计阶段的成本占了整个产品生命周期成本的70%以上，但所需现金流出仅占5%左右，可见，一旦产品设计完成，成本在设计以后阶段降低的空间相当有限。因此，应将产品成本管理扩展到整个产品生命周期，实现全生命周期成本管理，并将重点放在产品设计阶段。

随着市场竞争加剧，机械产品生产工艺及流程日益复杂，整个设计进程涉及多个领域与学科，涵盖了从工程学的现代设计理论和方法学、优化、特征设计等，信息技术方面的CAD/CAM，人工智能到管理方面的价值工程、成本优化等各种新兴学科和现代技术，成本管理难度大，工作量也很大。在进行产品设计时不仅要满足产品功能和结构上的要求，还要满足成本控制的要求。因此，机械产品设计过程中，不仅需要工程技术领域的理论与实践知识，还需将会计学方面基于全生命周期的战略成本管理及成本企划思想注入产品设计过程，并用以指导产品设计，实现工程管理与成本管理的高度融合统一。

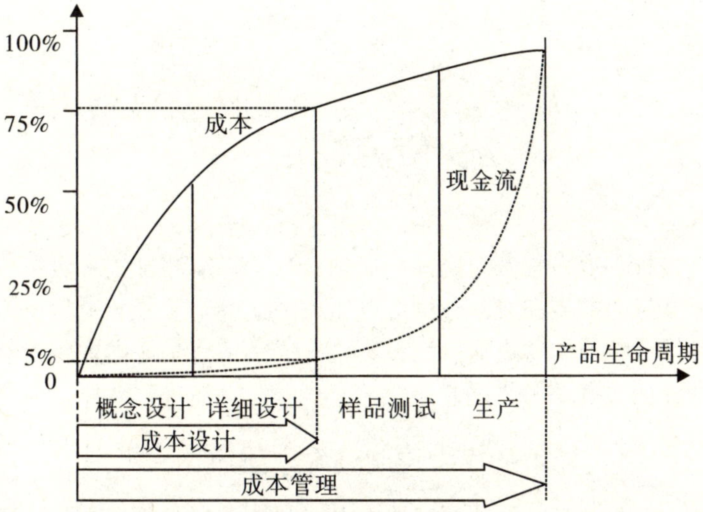

图 1－1 产品生命周期成本与现金流占比

二、研究意义

本书在协同设计的平台上，以装配型机械产品设计阶段的成本管理为研究对象，以目标成本管理与作业成本理念为指导思想，将成本管理扩展到整个产品生命周期，将成本管理的时间追溯到设计阶段，建立了产品级与功能级两层目标成本确定及评价反馈模型；通过影响成本的各项因素分析及流程分析，明确了成本控制重点并提出了低成本的形状设计规则，从而实现了目标成本的求解；采用产生—框架式的表示方法，构建了基于知识管理的降低成本的决策支持体系。本书从战略成本管理角度出发，建立起产品设计与成本控制（目标成本设定、分解、估算、达成）之间的协调同步与动态反馈的成本控制模型，为成本控制的重心由生产阶段转向设计阶段提供有力的支撑工具，对实现机械产品成本的根本性降低具有一定的指导意义。

第二节　工程学领域产品设计阶段成本问题研究综述

产品设计一般包括概念设计、详细设计、样品测试等阶段。成本估算建模、成本优化控制和成本分析可以注入上述各个阶段。工程学方面的学者对产品设计领域中的成本研究方法论、成本估算、成本优化控制、成本分析方面作出了有益的研究：

一、产品设计中的成本控制技术方法综述

当前，工程学产品设计领域的成本控制技术方法研究主要包括两个方法论：按费用设计和面向成本的设计。

1. 按费用设计（Design To Cost，DTC）

DTC 概念出现在 20 世纪 70 年代的美国，其主旨是按照给定的费用指标进行设计，成本被视为与技术、工程进度、性能等同样重要的参数在设计中加以考虑。设计人员依靠模型和经验确定合理的成本目标，整个设计过程在成本目标作为约束条件之一的并行环境中进行，从而获得满足全生命周期成本（Life Cycle Cost，LCC）要求的设计。

DTC 的设计方法和管理技术，使设计者以目标成本为设计的一个重要标杆，当设计的产品估算超过了目标成本，设计者将中止设计并重新审视已有的设计，DTC 的运用实现了设计者对成本目标与功能的双重追求，为产品设计节约了大量的费用。美国在 DTC 研究与实施方面处于世界领先地位，Jack V. Michaels 等人编撰了有关 DTC 的专著，且在飞机开发中成功应用了 DTC；Tandon 等人开发了自动按费用设计原型系统，可以在产品设计过程中为设计实现提供快速成本反馈。

2. 面向成本的设计（Design For Cost，DFC）

20 世纪末出现了最早的 DFC 概念，DFC 属于并行工程中的 DFX（Design For X）技术的一个分支。面向成本的设计是在满足用户功能需求的前提下，通过研究、分析和评价产品全生命周期（设计、采购、生产、销售、使用、维修、回收、报废）中的各个阶段的成本构成情况，对原设计中导致产品成本过高的构造件进行设计修改，以达到降低成本的设计方

法。成本在 DFC 中也是设计的一个关键参数，设计者利用 DFC 提供的支持工具进行成本分析和成本评价。

DTC 与 DFC 的相同之处在于二者都是从设计方面入手，将成本作为与性能、进度和可维护性等要求同样重要的参数，追求全生命周期成本的最小化。但二者在最终目标和处理手法等方面有着较大的差异。DTC 是面向用户的，在设计和管理中进行成本的控制，其目标是对一个项目反复进行设计直到项目的花费与预算相一致，降低成本时一般降低到使用户满意的水平即可，具有一定的随机性。其实施过程是管理驱动，反复进行设计和分配成本的调整直到满足所给预算，不强调产品设计一次成功（会产生返工成本）。DFC 是面向设计者的，目标是面向设计者的性能价格比最优，追求全生命周期成本的最小化，有时会超过用户要求的水平。其实施过程是工程驱动，在设计过程中通过计算机支持工具实现全生命周期成本的估算与评价，尽量使产品设计一次成功。DTC 比 DFC 更重视降低成本中的管理工作。

二、产品设计全过程的成本估算建模综述

产品建模方面的研究比较成熟，很多研究都是针对产品设计过程的某一环节论述分阶段适用的建模方法，但支持产品设计全过程的成本建模理论方法的文献很少。在成本建模研究方面，越处在设计阶段的前端，不确定因素越多，产品的已知参数越少，成本估算建模的难度越大，准确性也越低。下面介绍针对各个设计阶段的产品成本建模研究现状。

（一）概念设计阶段的成本估算方法

概念设计阶段的产品是未知的，成本估算的主要任务是建立产品参数与成本的数学关系，其估算的对象都是某一类特定的产品，可以参照有类似成本规律的产品的历史数据进行估算。

1. 价值工程

价值工程（VE）主要研究产品功能与成本之间的对比效用关系。以台湾成功大学的 Hsiao Shih - Wen 为代表的学者曾应用价值工程法在电扇方案设计中实现了开发时间和生产成本综合选优，国内学者主要针对某一特定对象的方案设计运用价值工程进行研究。因为一直未能有效解决目前产品功能与成本之间的映射关系问题，因此设计阶段价值工程研究进展不是很令人满意。

2. 回归统计分析

回归统计分析是当前在现实工作中运用的一种方法，研究应用都比较成熟。此法先是对源自设计或制造过程中的经验数据进行统计分析，确定自变量与因变量，得到回归函数模型，以此模拟产品成本模型，最后用现有模型进行成本的估算和预测。应用此方法较困难之处是在系统缺乏数据等情况下无法获得相关的模型。这方面的研究内容包括：

（1）功能参数回归分析法。选取与产品成本相关程度高的特性参数，对历史数据的功能参数进行回归分析，然后利用所选取的功能特性参数进行多参数回归分析来估算成本。德国学者首先进行此类研究，G. 帕尔和W. 拜茨等在研究热处理及加工工艺、材料成本、调整时间等数据的基础上，提出了几何相似和几何半相似产品的增长规律，并以此进行成本估算，Klasmeier 提出了适用于加工成本和材料成本的通用成本估算函数，并利用该函数开发了一个成本估算软件系统。美国学者 Cawthorne 和 Nugent 建立的订货环境下基于知识的智能化成本估算函数模型主要是针对已有或生产过的产品进行回归统计。英国学者 A. R. Mileham 和 G. C. Currie 应用功能参数回归分析技术仔细研究了方案设计阶段参数化成本估算方法，对设计方案的经济性评价起到了一定作用。国内学者利用功能参数回归分析法建立功能与成本之间的关联模型，如组合化系列产品的成本增长规律、功能参数和设计成本的关联分析、零件尺寸公差与成本的关系等。虽然这种方法运用得比较成熟，但其缺点是回归分析不能参与的因素不能太多，尤其是不确定因素。此外，此法主要用于报价，不能揭示成本的成因，对实现成本控制的益处不多。

（2）类比工程法。运用类比工程的相似性和统计规律来确定成本，多用于设计前期成本估算，特点是速度快但精度不高。如德国学者在对不同设计方案的功能、制造工艺和材料进行对比评价时使用了相对成本概念，关注到成本特征与设计特征之间的转化，研究了产品系列的成本增长规律。

（3）快速估价方法。根据知识的自我学习与自我适应机理，通过计算机迭代计算来进行产品成本估算，其缺点是需要确定预估产品、已有产品的详细特征参数，而这些参数在设计初期恰恰非常不易获得。

（4）模糊数学法。利用最相似工程中模糊数转换计算来估算产品成本，其特点是速度快，精度也较高，但影响该法有效性的关键点是要有充分的产品特征系数，然而确定产品的特征系数并不容易，这是此法的主要缺点。

3. 新的技术和技巧

新的技术和技巧包括神经网络、专家系统、多属性模糊法等。专家系统在新的技术和技巧之中应用最为成功，但针对的是特定的产品或对象。

以上这些方法具有共性，即利用统计方法将历史数据与参数进行回归计算，通过对输入已知值（设计特征值、功能特征值等）与输出评价值（产品的成本值）进行典型的黑箱分析得到一个函数，再利用这个函数进行成本估算。但这种方法得出的成本函数是粗放式的，输入值自变量并不一定是成本动因，不能有效识别成本影响因素，也难以对输出产品成本值（因变量）的内在成本结构进行分析，无法追溯成本过高的原因，对有效产品成本控制的效果有限。

（二）详细设计阶段的成本估算方法

详细设计阶段以完成满足其功能要求的产品结构为主要设计任务，是成本控制的重点阶段。相同的功能可通过不同的结构实现，相同的结构可通过不同的材料实现，相同的材料随加工工艺不同而实现不同的结构。确定满足产品功能、制造成本和其他相关约束条件最低的结构形式、尺寸大小与加工流程是设计人员的主要任务。随着设计深入，相关特征参数也越来越充足，获得较准确的成本估算成为可能。概念设计中的价值工程、回归统计分析、专家系统等成本建模方法基本上在本阶段得到应用，除此之外，还有以下三种方法：

（1）几何特征和时间定额法。首先设计信息以几何特征进行描述，产品的工艺流程通过工艺规划获得，接着按照工艺流程确定的作业时间的经验数据进行成本估算，并作为产品的加工成本估值。此法的主要特点是依据产品生产的所有环节和作业进行成本估算，编制工作复杂，编制估算文件时间长，但对象性强且精度高。如 G. Boothroyd 等采用成组技术，将金加工产品分为七个序列，在对每个序列产品进行大量的制造成本动因及其相互联系的统计分析的基础上，制订了该类产品的标准工艺计划，并以此进行材料成本、非切削成本、切削成本、刀具更换成本及准备成本的成本估算。国内学者朱江新在定量研究切削加工过程中的金属变形和切屑成形原理的基础上，提出了切削—挤压成形过程的金属变形规律与建模方法等。

（2）公差成本设计。不少国内外学者对此进行了深入的研究。W. Hu 和 Z. Dong 以公差与成本之间的定量关系研究为基础，提出了在特定公差条件下制订各工序公差分配方案和最优成本的工艺顺序安排方案，他们从现有的成本—公差模型入手，提出了可以提高拟合精度的新多项式模型和混合模型，并通过最小二乘法模拟了几种常用加工方法的成本—公差数据。国内学者曹衍龙通过模糊化处理加工因素，建立了加工因素的模糊影响系数，并以此系数和零件公差作为自变量输入，建立了基于模糊神经网络的公差—成本模型。

（3）参数化成本估算。对具体的应用对象先建立产品设计的参数化表达，再建立专业的成本估算模型，利用产品的设计参数等估算产品成本。在很多固定对象的成本估算中广泛采用了参数化成本估算方法，该方法的缺点是用户输入信息量大，使用不方便且无法满足通用成本估算的要求。

第三节　会计学领域产品设计阶段成本问题研究综述

传统的成本会计属于事后管理，即仅在产品投入生产之后进行管理，所以，在成本设计阶段参与较少，会计学方面关于产品设计阶段成本问题的研究也较少，其研究主要集中在两个方面：作业成本管理与目标成本管理。

一、作业成本管理研究综述

作业成本法是一种先进的成本管理方法，起源于 20 世纪 80 年代末的美国，90 年代后，日本与欧洲也开始这方面的研究。国际先进制造联盟（Consortium for Advance Manufacturing - International，CAM - I）提出了 ABC/ABM 标准术语集，规范了 ABC/ABM 相关概念的定义，确定了相关术语及范围，概括了 ABC 的最新发展，目前该标准术语集已发展到第三版。

（一）生产阶段的作业成本管理研究

生产阶段的作业成本管理研究是目前对作业成本管理研究较集中的方面，主要针对的是作业分类、核算模型与应用实施方面，这些研究对设计阶段的作业成本管理提供了有益的参考。

在作业分类方面，R. Cooper 提出了包括单位作业、批量作业、产品作业和支持作业在内的作业层次分类模型，这个分类模型有助于为作业成本确定正确的成本动因。R. Cooper 和 R. Kaplan 提出了能力管理问题，关注在 ABC 核算中，区分使用的生产能力和未使用的生产能力，提出二阶段分配模型，分别是资源向作业分配和作业向成本对象分配。KBSI 公司提出了以 IDEF0 图为基础的 ABC 分析与建模方法，借助 IDEF0 图的层次分析能力，能对 ABC 模型中的作业按照需要进行多层次细分。Murray Best 和 Massimo D. Falco 提出的 ABC 核算模型以二阶段分配模型为基础，重点关注成本对象，可以对成本对象进行多维的划分并具有层次结构。

在应用实施方面，R. Cooper 提出了面向离散制造行业实施 ABC 的设计方案，J. Reeve 提出了面向流程行业实施 ABC/ABM 的设计方案等。Emily Brodeur 提出了 ABC 与 ERP 集成的目标与框架，对二者的相互作用进行了分析。Alta Via 咨询公司结合对 SAP 与 OROS 系统的实施，对独立 ABC 系统与集成 ABC - ERP 系统在系统实施、成本概念设计、系统处理过程、组织考虑等方面进行对比。我国学者王平心对 ABC 进行了应用实证研究，回答了 ABC 在中国的适用性问题，陈胜群将 ABC 与日本的成本企划进行了比较，栾庆伟提出了一个 ABC 开发过程的步骤模型。

（二）设计阶段的作业成本管理研究

设计阶段的作业成本管理主要集中在成本估算方面，“成本对象消耗作业，作业消耗资源”这一作业成本法的基本原理对成本估算有重要的启发指导意义。

Eagleham 提出了对成本估算使用作业成本信息的方法，认为作业动因在设计规格说明书中即确定，将作业动因的成本信息从作业成本数据库中导出，进行组合加工后即可得出设计成本的估算值。Martin 和 Sheryl 提出了基于特征属性驱动的作业成本估算思想，但是未建立具体的基于作业成本的成本估算模型，未得出作业动因与产品特征属性之间的函数关系，仅描述了由作业成本累加得到产品成本的过程。Takakuba 采用作业成本分析仿真模型估算了柔性制造系统的成本。N. S. Ong 提出了运用作业表进行成本估算的思路，但未解决生产新产品需要耗用多少作业动因量这一关键问题。Tseng 和 Jiang 在分析制造作业的基础上，开发了估算不同制造成本的分析模型。Subbaraman 提出一个始于 CAD 的成本估算概念，运用 CAD 进行产品构思过程中，融入特征抽取算法，在此指导下运用作业成本进行产品成本估算。Ozba 将作业成本法引入成本估算，但他的研究主要是考虑如何将作业成本法应用于推式/拉式制造企业中进行成本核算。对于 MC 的特殊要求，需要解决的是多样化成本的估算及提高这种估算的效率。国内学者陈晓川等给出了作业成本估算的步骤，但是该步骤实质上是作业成本计算的步骤，对成本预估与控制的作用有限。

二、目标成本管理研究综述

目标成本法源自美国的研究成果，美国国防部在相关约束下，将降低成本的工作渗透到产品设计阶段，为产品生命周期各阶段发生的成本设定目标值，并实施成本控制，这可视为目标成本管理的雏形。成本管理全面扩展到产品设计阶段归功于日本丰田等汽车公司探索出的“目标成本规划”模式，该模式融合价值工程这一成本估算方法，形成一体化的针对目标成本的应用体系，使降低成本更具现实性与高效性。通过目标成本规划体系（目标成本管理体系）和 TPS（丰田生产方式）的推行，在当今的世界汽车行业中，丰田公司取得了 2004 年度单个公司利润超过美国通用、福特、克莱斯勒三大公司利润之和的骄人业绩，目前市场占有率和销量也直逼行业老大——美国通用公司。

目标成本管理的研究多集中在事后核算分析阶段，产品设计阶段的目标成本研究方面比较零散。英国曼彻斯特商学院的 Robinr Cooper 介绍了欧美许多国家的目标成本制度，并将目标成本管理引入产品设计，提出目标成本分析。Tatikonda 提出目标成本法是产品成本设计的重要工具，并简要介绍了在产品设计阶段进行目标成本管理的步骤。

在国内，中南大学韩庆兰教授针对成本企划目标成本分解传统方法的不足，结合现代设计的基本特征和要求，引入产品需求贡献度指标，对产品结构离散化后，通过构筑等差数列对目标成本进行离散变换，在“指派问题”模型的基础上提出基于产品设计过程的成本分解优化模型，以实现产品功能、质量等市场需求指标和成本因素的全局均衡优化，最后给出了模型计算机求解的思路，并对模型进行了拓展。这一研究以协同产品设计为研究环境，以产品生命周期的成本为研究对象，根据知识来源和成本影响因子对成本知识进行归纳，抽象出各类成本知识，论述了各类成本知识的构成内容，分析了成本知识类之间的关联控制关系，采用面向对象的技术，将知识类之间的关系映射到知识库中，使各类成本知识成为一个严谨的逻辑整体，为协同产品设计的成本控制工作提供有效的知识支撑。胡树华等在考虑分解对象（子功能、结构和具体成本项目等）相对于产品整体评分权重值的基础上，提出了按功能系统、产品结构和成本项目分解目标成本的方法，并给出了相应权重值定义和算法。张琦介绍了如何在物料清单的基础上，进行目标成本的分解，将改进后的成本与目标成本进行比较，找出差异进行反馈。纪建悦等在研究日本大企业的基础上，分产品层次、配件层次介绍了如何在产品设计中应用目标成本系统。

第四节 目前研究存在的主要问题

一、产品设计中的成本管理方法论方面

（一）工程学方面

虽然工程学上对 DFC 与 DTC 方法论述较多，但无论是 DFC 还是 DTC 方法，目前的研究都集中在对其框架体系的研究。特别是 DFC，作为并行工程中的一个工具，目前还未形成系统、成熟的体系，尚在发展之中。此外，成本研究与产品设计环节结合不够紧密，成本估算的结果不能很好地支持产品设计，未考虑设计中的管理资源因素，成本研究通常针对某一具体的产品对象，通用性较差。成本随设计过程深入而逐步明确并发生，影响产品成本的因素也随设计进程深入而逐渐增加。由于影响产品成本的因素又多又广又复杂，设计师无法使用传统的设计方法与常规的 CAD 技术高效准确地估算成本，也无法从成本优化的角度进行总体结构创新（或变异）与功能创新（或变异）。

（二）会计学方面

针对产品设计阶段的成本管理方法论缺乏完整的理论体系，各项研究多是介绍成本管理的实务经验，以案例分析为主，未经过理论提炼。这主要是因为产品设计阶段属工程技术领域，目前大多是机械工程领域或自动化领域的专家学者从事协同产品设计的研究，而传统的会计人员成本管理工作主要集中在事后核算与分析上，没有参与到产品设计过程中。因此，尽管很多会

计学的研究人员都意识到战略成本管理的重要性，并努力尝试与信息技术结合，将成本控制的重心从生产阶段前移至设计阶段，但由于设计阶段存在太多的技术问题，会计学研究人员无法独立承担此项研究。

（三）二者集成方面

集成工程学与会计学两方面的成本管理方法论较为少见。产品设计阶段的成本问题是多学科的交叉点，因此该方面的研究成为成本管理的薄弱环节。事实上，设计阶段的成本管理需要工程学与会计学两方面的专家学者共同研究实现。

二、产品设计中的成本估算建模方面

（一）早期成本估算方面的矛盾

在产品设计中，对其设计越深入，降低成本的机会越少，因此越早进行成本估算，就越有可能达到降低成本的目的；但越是在设计早期，成本估算所需的信息越匮乏，成本估算越困难。这种理论与现实的矛盾到目前仍没有较好的解决方案。目前的成本估算研究成果，多是基于确定了的产品原理方案，利用比较详细的零件参数进行产品制造成本的估算与预测，不论是设计早期阶段的成本估算方案还是进行成本估算的方法，都只适用于特定条件和环境，缺乏一般性。

（二）产品设计信息模型与成本信息模型之间没有建立很好的映射关系

为了及时反馈成本信息作为求解决策参考，建立产品总成本与全生命周期成本各阶段的成本模型是成本设计问题求解过程中需要解决的重要问题。然而目前的研究主要以机械零部件为研究对象，具有局限性，没有建立面向设计全过程的统一信息映射关系，尤其是未前推到对产品成本起决定作用的早期概念设计阶段，对方案成本估算的连续性、准确性与实用性有极大影响。

（三）缺乏适用于各阶段的成本数据模型与成本函数

在已有的各种成本估算策略和方法中，都是针对某种特定产品的成本函数的描述和成本数据结构模型，成本函数和成本数据结构模型与成本估算方法无法独立，即只能针对有具体成本函数与成本数据结构模型的具体对象，缺乏通用性，限制了估算模型与函数的使用。另外，当前的研究注重零部件特征模型的表达，成本特征在模型中很少被考虑，特征映射不能与设计阶段并行，主要集中在设计域到制造域的转换过程，这也是不够完善的地方。

三、产品设计中的作业成本管理方面

（一）作业成本在成本估算方面的不足

利用作业成本进行成本估算是设计阶段作业成本管理最重要的应用，但前人的研究均未给出完整的从产品属性确认开始，由作业动因分析、资源动因分析，再到作业成本、产品成本的成本估算模型；未构建特征属性与作业动因之间的函数；未研究产品制造成本之外的其他生命周期的成本估算问题。此外，运用作业成本法进行成本估算虽然精度高，但多是在产品设计后期具备大量成本数据的情况下进行，而且单位作业成本不易取得。

（二）缺乏多层成本作业模型

产品设计的成本分析过程是由上至下逐步细化，再由下至上汇总分析的过程，这要求作业成本法能支持多层成本作业问题，但目前的作业成本法二阶段作业模型计算与应用较多，多层成本作业模型欠缺。即使在每一层作业成本模型中，准确计算作业成本也存在一定困难。

（三）ABC 与 ERP 融合不够

对基于作业的单一品种的本量利分析和盈亏平衡模型的应用研究已经成熟，在更多的情形下，企业生产多种产品，并受多种资源限制，对基于作业成本计算和作业差异分析法的多种产品组合大多采用线性规划模型，通过设立目标函数和约束条件，建立数学模型求解，计算求解过程相对复杂，需要运用计算机集成应用技术。以管理决策为目标的 ERP 和以信息、数据流为目标的 ABC 相结合，把 ABC 的概念和方法融入 ERP 系统，目前在理论与实践上都很不成熟。

四、产品设计中的目标成本管理方面

（一）缺乏适用于设计各阶段的成本估算与目标成本对比信息

成本设计问题求解过程中需建立产品总体成本估算与全生命周期成本分阶段估算模型，以及时反馈成本估算信息作为求解决策参考，成本估算的目的就是与目标成本进行对比分析。而当前的成本估算研究与实施主要集中在工程领域，而目标成本管理集中在会计领域，成本估算与成本建模方法大部分针对的是产品设计的某个具体的阶段，产品成本内在的整体性与集成性被割裂，也没有建立目标成本分析、成本控制与成本估算之间的集成和继承关系，不能及时反馈二者的对比信息。缺乏支持产品设计全过程的成本估测、分析、反馈与降低成本的支持平台，设计师决策时需要的支持设计过程的成本信息反馈不充分、不及时。

（二）缺乏适用于设计各阶段的目标成本分解模型

如何分解和达成目标成本是成本预演和源流控制成败的关键。按技术要素（功能与部件）或者实施主体（供应商与车间）对目标成本进行分解，使产品层次目标成本布局具体化的过程，也是成本压力的传递过程。但当前的研究中，对目标成本分解的方法和优化过程研究较少。由于各分解对象的成本影响因素的多样性和复杂性，按单一指标分解目标成本并不能保证成本分解值相对于总体的全局优化。为有利于合理分配成本，达成产品功能、质量因素和成本因素均衡优化，有必要寻求一种更切合成本实际特征的均衡优化分配方法，使企业能将有限的资源用在最大限度地提高产品性能和质量上。

（三）满足目标成本的降低成本决策体系未建立

在目标成本的指导下，分析成本估算结果，寻求降低成本途径是设计阶段成本管理的最终目标。目前的研究只针对具体对象研究中降低成本的措施，未建立起计算机辅助降低产品成本的通用模型，系统性差且缺乏通用性。此外，降低成本研究还处于分散状态，研究进度大大滞后于成本估算研究进度，使得设计阶段的成本研究的两大要素极不平衡。最后，缺乏对大量无序的降低产品成本的经验知识系统性的整理，缺乏知识的获取、知识表示方法、知识之间的约束关系以及冲突解决方案的研究，未建立起有效的降低成本知识表达与应用体系，设计过程中基于知识的降低成本求解方法任重而道远。如何高效地启用知识并消解推理中出现的冲突，如何运用协同推理获得降低成本决策方案求解，都是值得深入探讨的问题。

第五节 研究思路与结构

一、研究思路

基于机械产品设计全过程与产品生命周期成本，笔者从自顶向下目标成本设定、分解及评价入手，深入分析了影响成本的设计过程与重要因素，以此寻找控制成本的途径，同时挖掘工艺与装配的特点及控制成本点，总结出各种低成本形状设计规则，由此完成自底向上的目标成本达成和设计活动。为实现上述目标成本驱动的产品设计过程，本书采用约束的建模方法和专家系统的知识推理规则构建成本控制模型，从而使处理的问题由概念化到模型化，由模型化到具体化，完成设计阶段成本控制的全过程。本书研究思路如图 1 –2 所示：

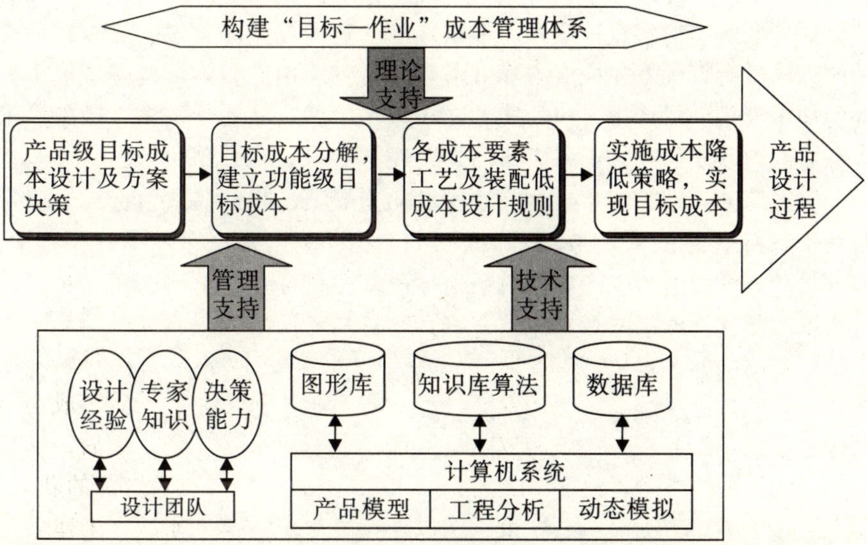

图 1 –2　研究思路

二、结构

本书主要内容如下：

第一部分：包括第一章、第二章、第三章，在总结和概述前人研究结果基础上，阐述了产品设计与成本管理相关理论和方法，提出将作业成本法与成本企划相结合的“目标—作业”成本管理体系，以支持并行产品设计，并对该体系的框架、特征、流程与优点作了全面的论述。这是本书的理论基础。

第二部分：即第四章，在第三章的理论基础上，此部分提出了产品级与功能级两层目标成本确定及评价方法。在设计早期可根据市场分析确定产品级目标成本，并采用 AHP 法进行评价决策。产品级目标成本确定后，需结合详细设计或功能设计进行目标成本的分解，并采用 DEA 法评价功能级目标成本。

第三部分：即第五章，在第四章论述的目标成本的标杆指引下，分析影响机械产品的各成本因素与流程，寻找成本降低的重点，为后续成本控制制定好知识规则。这部分从机械产品生命周期的角度，详细分析了影响准备成本、材料成本、加工成本的设计过程、产量、体积与尺寸、负载、材料、工艺、装配、准备时间等各种因素与流程，制定了相关因素或流程的成本控制规则，为成本控制的知识管理做好准备。

第四部分：即第六章，第五章通过分析寻找到成本降低的重点，并总结出部分低成本形状设计规则，在实践中，这些规则非常多，必须借助有效的方法进行管理并完成成本降低求解的过程。由此，本章构建了成本控制的知识模式，以产生—框架式的知识表示模式，从对象与关系映射、推理等方面论述如何在知识库中保证其实现。

第五部分：即第七章，在前述各章的指导下，将产品从目标成本确定与评价、目标成本分解到寻找降低成本途径、利用知识库寻找解决方案，实现设计方案并进行生产测试一系列过程以实例的形式进行验证。

第六部分：即第八章，总结全书，展望未来。

全书结构如图 1－3 所示：

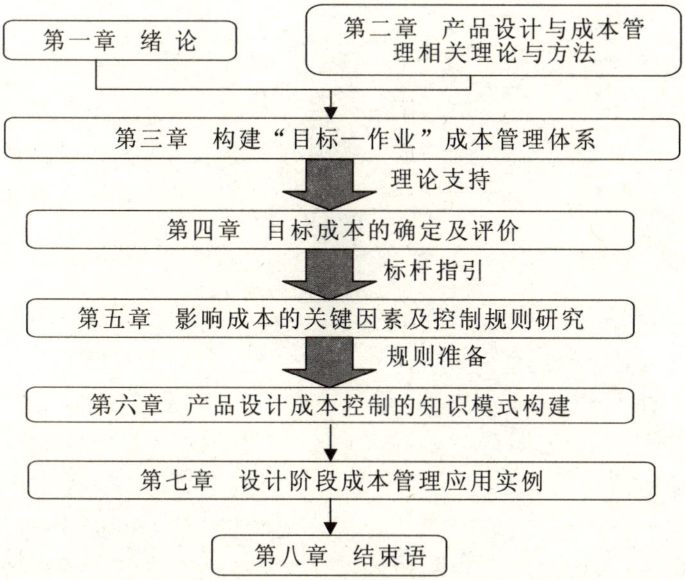

图1-3 本书结构

第六节 创新之处

本书以战略成本管理与成本企划为理论基础，采用全新的视角，从会计学角度出发，结合工程设计方面的理论与知识，将会计学中目标成本管理与作业成本管理的思路融合到机械产品设计的各个过程中，深入探讨如何在设计阶段确立、评价、分解目标成本，分析设计成本各项成本因素与过程，并提出可供借鉴的形状设计规则，并以知识库的形式解决上述问题。

本书创新之处主要体现在以下四点：

（1）提出了产品级与功能级两层目标成本的确定及评价方法。

（2）分析产品设计中影响成本的重要因素与设计流程，建立从原型产品的成本结构中推导出改型产品的新的成本结构的量化模型，提出成本控制的一般性规则。

（3）总结影响成本的工艺与装配分析方法及形状设计规则。

（4）构建基于知识管理的降低成本决策支持体系。

第二章

产品设计与成本管理相关理论与方法

第一节　产品设计内涵

一、设计理论概述

产品设计是在设计目标的指导下，采用多种相关设计知识对有关信息进行合理的规划组织，使产品信息模型从抽象到具体的过程。研究设计过程中各阶段各步骤之间的联系、规律、规则和原理，以求得合理的设计结果的方法集称为设计方法学。现行工程设计研究的主要领域之一，即设计理论及方法的研究，总结各种相关的设计理论和方法学，设计研究可以分为以下四种类型：

（一）系统化设计方法

传统的系统化设计方法是串行的，始于功能描述，接下来是功能分解，然后是寻找方案，最后是方案规划、总体设计和施工设计。典型的系统设计方法如 DFX（X 代表装配、制造、服务等）。这种一步一步可遵循的步骤与规则可以指导工程师与设计师改善设计。

近二十年来，并行设计形式逐步取代了线性开发模式。并行工程要求尽早进行各步骤的设计，下一步骤的设计任务不应等待上一步骤完成才进行，而应在进行上一设计步骤的同时开始规划，从而形成并行开发的模式。显而易见，此时不仅需要利用网络、数据库等技术进行数据交换，更需要设计人员之间进行沟通和知识共享。协同设计（Collaborative Engineering）是一种有效的并行工程形式，可支持跨地域、跨时间、跨学科的多功能小组的有效并行工作，以此为基础，各种协同设计技术蓬勃发展。

（二）公理设计

公理设计以各种设计经验理论为基石，其目的是将设计科学引入工程设计。公理设计将传统的系统设计从一维扩展到二维。一个维度是步骤（系统设计的各步骤），另一个维度是设计公理。设计公理的过程是：客户领域→功能领域→设计参数领域→加工领域，将这个过程导入系统设计的各个步骤，形成二维的设计规划。Suh 先生提出信息公理和独立公理两种公理，成果显著。信息公理是指设计中尽量减少模糊域中的未知因素，以此进行设计方案选择，最有可能满足功能约束且复杂程度最低的设计通常信息量也少。而独立公理是指各功能保持相对独立，以便于装配。工程师与设计师可借助这两种公理进行跨领域的设计工作。

（三）以决策为基础的设计

以决策为基础的设计（DBD），顾名思义，其宗旨是将设计过程视为一个个决策过程，在客户要求→确定工程指标→提出方案→评估方案→细节设计→最佳方案的整个设计步骤中可见，除划分设计界线与领域，提供备选设计方案外，设计过程的主要步骤涉及多种决策，如选择决策、折中决策、权衡决策等。设计工程师可运用相关的决策理论指导决策，也可利用设计决策支持系统作出更好的决策。

（四）以知识为基础的设计

以知识为基础的设计主旨是将设计视为以经验和启发式、开放式思维为基础的活动，步骤、规则、模型和实例是主要的设计知识分类。在设计初期阶段各种信息不确定的情况下，设计工程师多运用以规则知识为基础的系统，如数字配置设计系统、计算机辅助设计系统和设计专家系统。在随后的方案设计阶段，设计工程师提出备选方案以及评估方案时多运用以具体领域规则为基础的专家系统和以实例与模型为基础的设计系统。设计越深入，信息模糊度越小，可采用更多的定量方法进行决策。

综上所述，可以将各种设计理论按系统工程的观点融合，将之视为一个由时间、逻辑和方法组成的三维系统（如图 2－1 所示）。时间维体现了按物理时间顺序的设计工作的各个阶段，逻辑维是解决问题的逻辑思绪步骤，方法维罗列了设计过程中的各种思想和工作方法。设计过程中的任何行为都可以在三维图中以点的形式标注。如图中 A 点，处于初步总体设计阶段（时间维），处于评价的逻辑阶段（逻辑维），采用的是评分法（方法维）。

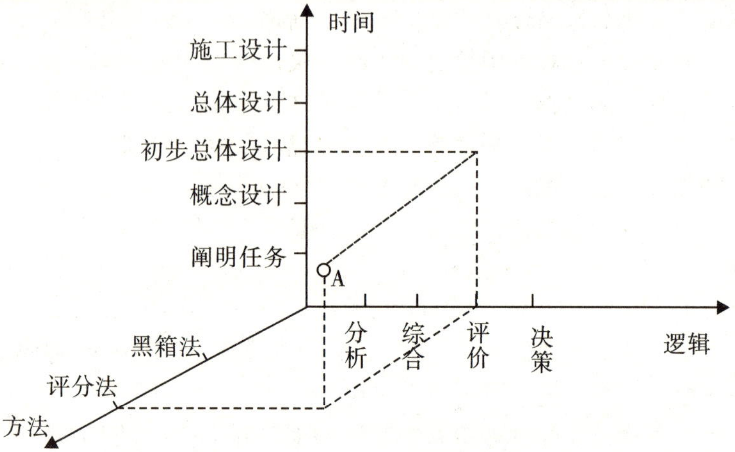

图 2－1　设计三维系统

本书以系统设计中的并行工程方法为基本方法，同时注意吸收其他有关设计理论的思想（如以知识和决策为基础的设计）开展产品设计阶段的成本管理研究。协同产品设计作为一种新的产品开发模式，与传统的开发模式相比，对产品信息的定义、描述、管理与传递提出了更具挑战性的要求：①异构数据的管理。产品所涉及的知识结构越来越复杂，各领域专家借助不同的工具参与设计，从而产生异构数据。②异地数据的管理和组织。参与设计的专家分属不同部门甚至不同地域，设计活动具有较大的分散性，从而使正确的管理和组织信息变得十分重要。③过程控制下的协同工作。产品设计过程中的多功能小组协同工作，强调在重组优化的基础上，把产品信息和过程信息有机结合起来，做到在正确的时间内以正确的方式传递给正确的人。

二、设计类型

依据设计方法的异同，可将工程设计分为创新设计、变型设计和组合设计三大类型。

（一）创新设计

创新设计是指在设计原理、设计方案都未知的情况下，根据产品总功能和约束条件，进行全新的创造。企业要在市场中生存甚至获得竞争优势，需要推陈出新，开发具有竞争力的创新产品。创新设计以预测市场需求及其发展为起点，根据市场竞争情况，采用新的设计原理与技术改造传统产品，调整产品结构，或采用先进的生产工艺开发全新的、兼具高技术附加值和成本领先优势的新产品，提高产品的功能、质量和技术性能，降低成本和能耗。

创新设计通常周期比较长，开发工作量较大，其基本步骤是：市场调研和预测→明确产品设计任务→概念设计→技术设计→施工设计→产品测试。

（二）变型设计

变型设计是指在保持原产基型产品功能、原理、方案不变的情况下，只对结构设置和尺寸加以改变，使新产品满足功率、速率方面的不同要求。市场需求多样化要求企业提供多样化的产品以满足不同需求，若每种产品都采用创新设计方法，需要较长的开发周期和投入较大的开发工作量，无法满足市场需求快速变化的要求，因此常常采用相对周期短、更经济的变型设计方法，各种产品通过部分结构的改变，可以增加功能、提高性能或降低成本。

变型设计包括适应型设计和变参数型设计，适应型设计是通过改变或更换部分部件或结构，变参数型设计是通过改变部分尺寸与性能参数。二者都不改变产品的基本原理与总结构，只是进行结构与功能的微调。为了避免变型产品品种繁多，导致生产混乱和成本增加，变型设计不应无序地进行，而应在系列型谱的范围内有指导地进行，遵循系列化设计的原理，将创新设计和变型设计两者进行统筹规划。

变型设计首先应确定系列化产品中的基型产品，对此进行精心设计。基型产品常采用创新设计方法完成，设计时需考虑未来可能的变型设计。基型产品是变型设计的依据，经过了设计与制造工艺的检验，属于技术成熟的产品。在保持原有基型产品的基本工作原理和主要功能结构基础上，可以按一定规则改变技术参数、布局与结构规格，增减附件，扩大原有产品的类别与功能，形成一个产品系列或产品族。变型设计在基型产品基础上只需要做一些改变。

（三）组合设计

组合设计是为满足市场的多方面需求，在对特定范围内性能不同、规格不同的产品进行功能分析的基础上，划分并设计出一系列功能模块，选择合适的功能模块，拼装成不同类型或相同类型不同性能的组合产品，也称模块化设计。组合产品是系列产品的进一步细化，组合产品中的模块也需按系列化设计的原理进行。

通常由 MRPⅡ（Manufacturing Resources Planning Ⅱ）驱动组合设计，直接面向市场的销售部门可承担驱动源的角色，也可专门成立一个隶属于销售部的设计组负责组合设计，根据市场多样化的需求标准进行组合设计，相关设计资料可直接交付生产计划部门，对各个组合产品的功能模块安排投产并组装成所需产品。

三、设计的主要过程

产品开发的进程是在设计目标指导下，采用多种设计相关知识对有关信息进行合理的规划组织，使产品信息模型从抽象到具体的过程，一般可以分为四个阶段：阐明任务阶段、概念设计阶段、详细设计（技术设计）阶段和样品测试（施工设计）阶段。图 2－2 列示了详细的设计过程分解。每个阶段对产品成本有重要影响。

（一）阐明任务阶段的影响

如图2－2 所示，阐明任务是设计的第一步骤，产品和其成本是由产品需求描述及可行性解决方案选项规定的。对每一项要求和其相对应的限制，不但应考虑其技术实施，而且应考虑由此产生的成本，这一部分在第四章中有详细论述。产品级目标成本始于市场分析，功能级目标成本来自价值分析。对于例行设计与改型设计，已知功能的解决方案，通过对已有原型的分析及价值改进后，合计整个或部分功能组件的成本便可得到。但在没有任何已知的解决方案或甚至连近似的解决方案都没有的情况下，估算功能性需求的成本影响很困难，则需用到专家知识或设计者的体现知识。

（二）概念设计阶段的影响

概念（基本解决方案）对制造成本的影响是极大的。概念设计阶段规定了产品的基本属性、各个过程，以及它们在功能结构中的顺序。所需能源类型以及帮助实现子功能的物理效应也得以确定。在概念设计阶段必须坚持奉行最大限度降低成本的设计方法论。

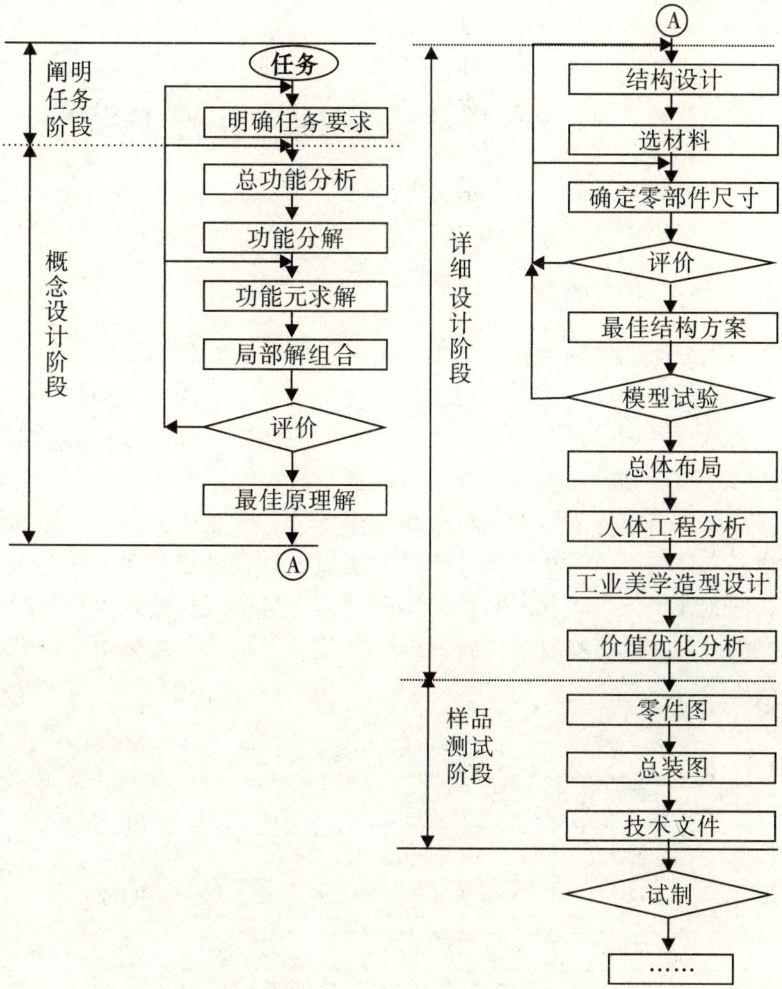

图 2－2　产品设计过程

（三）详细设计阶段的影响

详细设计阶段确定了产品零部件级的形状或模型，即产品全部的几何特性。如产品的尺寸及其各部件（表面、机械元件）的数量，与产品特性相关的各种规模、公差、形式规则。不难得知，详细设计阶段决定了产品成本的众多要素，如材料成本（尺寸、重量）、加工工艺选择、装配流程等。

第二节　产品生命周期与并行工程

一、产品生命周期

产品生命周期体现为相互交织、相互联系的各个子过程，图2－3描述了产品生命周期中各个按时间顺序排列的子过程及其相互交叠之处。图中的箭头表示产品设计开发阶段的决策对生命周期中其他子过程的影响。图中并未描述出产品开发设计阶段与其他各阶段的关系密切程度，而这恰恰是产品阶段成本管理失败的关键原因。事实上，在企业实践中，产品开发中有很多未知情况，除了要设计产品，还要设计整个过程链，目标即优化流程，使企业价值最大化。对产品生命周期中每个过程分别进行建模是产品开发设计的基础，将复杂的各部分进行整合，从而实现整个产品开发的成本目标。

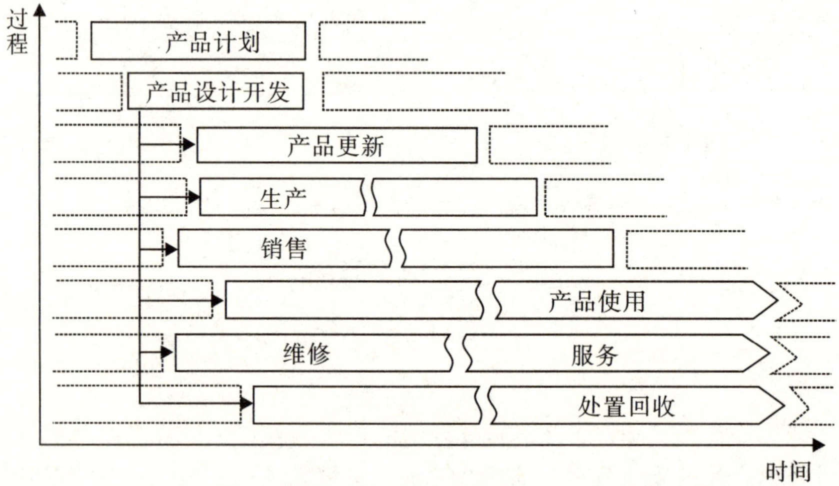

图2－3　产品生命周期

企业各职能部门的有效协作联系着从产品计划、采购、生产、装配、成本控制、市场、销售、使用、售后服务、维护保养到最后的产品回收各步骤。

以上各个过程并不独立存在，类似于反应控制系统，产品开发设计可理解为如图2-4所示的闭环控制系统。在存在干扰的情况下，如何使控制变量与被控制变量保持平衡是非常重要的。本例中控制过程是控制系统，按项目目标定义变量，输入变量后得到项目要求的状态，项目负责人作为控制者的职责是监控各步骤的实际情况，并与要求状态作对比。控制者若发现实际情况与要求状态背离，则需进行干涉控制过程以达成共识。计划任务的适当偏离（比如与目标成本的适当偏离）需要协调成本估算结果与目标成本，必要时可以修正目标成本。

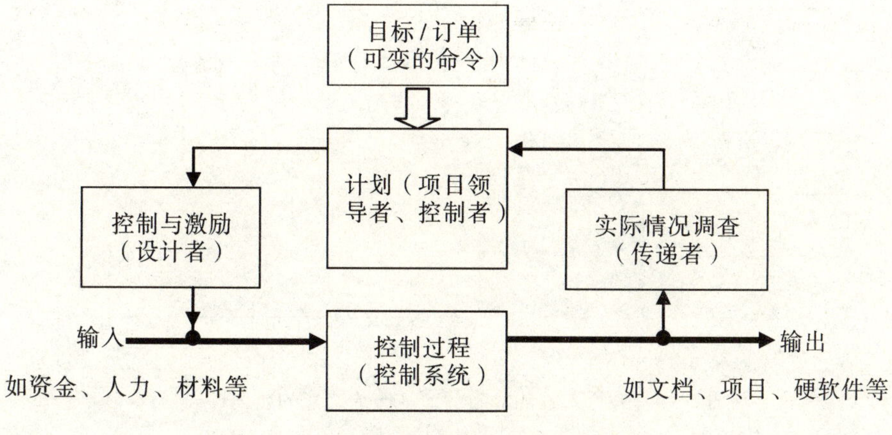

图2-4　产品设计开发的闭环控制系统

二、并行工程

并行工程是最近兴起的企业内部跨学科合作的重要工具，是对产品及其相关过程（包括制造过程和支持过程）进行并行、集成化处理的系统方法和综合技术。它要求产品开发人员从一开始就考虑到产品全生命周期内各阶段的因素，并强调各部门的协同工作，通过建立各决策者之间有效的信息交流与通信机制，综合考虑各相关因素的影响，使后续环节中可能出现的问题在设计的早期阶段即被发现并得以解决，从而使产品在设计阶段便具有良好的可制造性、可装配性、可维护性及回收再生等方面的特性，最大限度地减少设计反复，缩短设计、生产准备和制造时间。

（一）并行工程的目标

1. 最大限度地减少反复设计，缩短设计、生产准备和制造时间

图2－5描述了设计、产品计划、资源计划、投资计划与生产的时间线，各子控制环由于存在重复、计划与改变而呈无序状态，但并行工程通过严密的计划、准确的接口设计，把原来的许多后续活动提前进行，各子控制环的平行周期缩短了产品设计开发的时间，降低了生产成本，提高了产品质量。

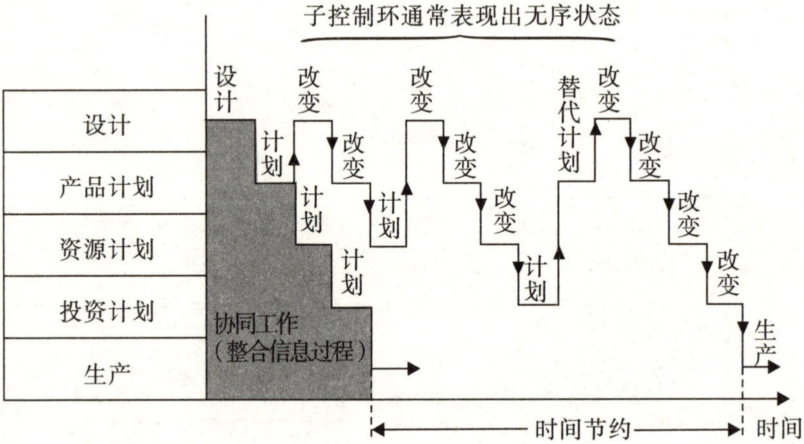

图2－5 并行工程的时间节约（节约重复的改变过程）

2. 确定目标成本

确定设计阶段目标成本时，既要考虑竞争对象的价格水平，又要考虑客户的经济能力。因此产品级目标成本的确定不是某一个部门的事，而是涉及企业甚至整个供应链。如图2－6所示，采用基于互联网的并行设计环境可在概念设计阶段改变原有的线性设计流程，以并行工程的方式进行产品设计，各种功能小组互相作用与反馈重叠。

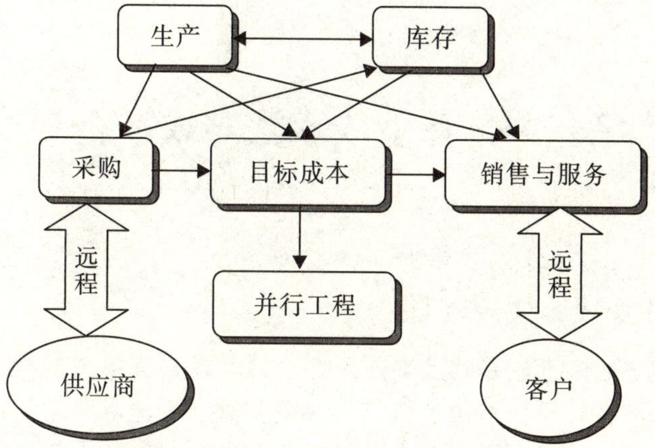

图2-6　并行工程确定产品目标成本

（二）并行工程实施要点

1. 项目要点

尽早识别产品全生命周期（从概念形成到产品报废）内各阶段的因素（如功能、制造、装配、作业调度、质量、成本、维护与客户需求等）；建立任务识别能力（如质量功能的配置应用）；进行经验整合，跨学科的并行工程团队在产品开发设计开始即应用从相似的产品或过程中获得的经验；尽早运用计算、仿真模拟和成本估算（尽早进行特征识别）；以并行方式执行，包括开发过程中方案的修正、讨论及共识（如概念、实现和系列版本）；在良好的沟通与临时假设的基础上尽可能地将顺序工作以并行方式运行；在实施阶段以网络工作形式，由核心团队建立并行工作小组。

2. 加速工作进程

减少过多的会议文件，但重要的讨论结果仍需以文件的形式保存；使用有效的工具（如信息查找、CAD/CAM、EDM/PDM、数据库等）。

3. 项目组织

从工作一线抽调项目成员；由核心团队与扩展团队形成项目组；推举具备合作与激励能力的强有力的项目领导者；严格遵循计划流程图。

第三节　作业成本法与成本企划

一、作业成本法

作业成本法的理论基础是美国管理会计教授桑克提出的桑克模式，桑克模式是在波特教授《竞争优势》一书的基础上创建的，它利用一系列的分析工具，为企业成本管理提供了战略上的支持。这其中就包括企业价值链分析、战略定位分析和战略成本动因分析三种重要的管理工具，它们构成了科学的战略成本管理理论方法层面。此模式中战略成本管理采取的程序为：首先，通过价值链从战略的角度分析成本产生于哪些地方，了解产品成本的链接。其次，分别从行业维、市场维和战略维三方面来确定企业在市场竞争中所采取的战略，并制定相应的成本策略。最后，通过成本动因分析，找出影响企业成本的结构性动因和执行性动因，确定与战略的结合，通过控制成本动因，重组价值链来管理成本。

（一）企业价值链分析

企业价值链分析包括以下两个方面：

一是企业内部价值链分析，即对企业内部若干相互联系的价值活动或作业进行的分析，包括对各个价值活动及不同价值活动之间联系的分析，努力消除不增值作业，减少浪费。企业内部价值链分析的步骤是：识别价值活动→分摊成本与资产→评估单项价值活动的成本与其对客户满意的贡献→区分增值与非增值作业→找出企业内部各单元价值链之间的联系→评估单元价值链之间联系的协调性→采取改进措施。进行企业内部价值链分析的两种先进方法是价值工程和作业成本管理。

二是企业外部价值链分析，包括行业价值链、供应商价值链、客户价值链、竞争者价值链等。这是企业价值链分析的战略意义之所在，即对企业与供应商、客户、竞争者乃至整个行业的价值活动之间的联系和关系的分析。了解企业在整个行业价值链中的位置，探索利用上、下游价值链管理成本的可能性；明确企业自身的强势和弱势，面临的机会和挑战。

引入价值链思想后，成本管理向全方位、多角度的方向发展，突破了单一企业的内部界限和以产量作为唯一驱动因素的局限。价值链将企业分解成不同的战略作业，每种作业对企业的相对成本地位都会产生贡献，这是企业为客户创造价值的基本元素，通过价值链分析，企业可以了解资源在作业中的配置规模和利用率。成本动因分析的目的在于尽可能把成本动因与特定价值作业之间的关系量化，并识别成本动因之间的相互作用，从而对成本动因进行战略上的权衡与控制。企业识别了价值链、区分了成本动因后，可以采取有效措施开发竞争优势，更好地控制成本。

（二）战略定位分析

一个企业能够选择恰当的竞争战略是企业成功的必要前提，战略定位分析就是通过各种不同的方法（如 PEST 法、SWOT 法等）对企业的内外部环境进行分析，帮助企业选择符合自己所处行业特征及适合自身的竞争战略。从战略成本管理的角度看，战略定位分析就是通过对企业的战略环境进行分析，确定要采取的竞争战略，从而明确成本管理的方向和重点，建立与企业战略管理相适应的成本管理战略。

战略定位分析能够使得战略成本管理在管理方法、管理重点、分析方法上与企业的战略管理相配合，更加有利于保持战略成本管理适应企业战略变化的动态特征。获得企业竞争优势的战略一般有差异化战略、低成本战略（又称成本统率战略）和集中战略三种基本形式。每个企业根据自身条件与产品特点采取不同的市场战略，并随之确定自身的成本管理战略。成本管理是企业获取竞争优势的有效途径，因此，基本的竞争战略几乎都是在成本方面做文章，运用战略定位分析可以使成本管理工作对企业竞争优势的建立和保持发挥最大的效应。

（三）战略成本动因分析

在企业的价值链上紧密联系的每一个价值活动都要消耗资源、发生成本，成本动因可以反映引发成本发生的原因，使管理者了解企业的成本结构，以利于其对成本的控制。成本动因可分为两个层次：一是战略层次上的成本动因，可分为结构性成本动因（Structural Cost Driver）和执行性成本动因（Execution Cost Driver）两大类；二是战术层次的与企业具体生产作业相关的成本动因，这也是作业成本法计算的基础，具体可分为资源动因（Resource Driver）和作业动因（Activity Driver）。

资源动因反映了消耗资源的起因，是资源费用归集到作业的依据。在分配过程中，由于资源是一项一项地分配到作业中去的，因此产生了作业成本要素（Cost Element），每个作业成本要素相加形成作业成本库。通过对成本和成本要素的分析，可以揭示哪些资源需减少，哪些资源需重新配置，最终决定如何改进和降低作业成本。

作业动因指作业发生的原因，是将作业成本库中的成本分配到成本标的的依据，也是实现资源消耗与最终产出沟通的中介。通过作业动因分析，可揭示哪些作业是多余和应该减少的，哪些作业是关键作业，应密切注意其变化等。

二、成本企划

（一）基本理论

成本企划（TC/CD）是以战略管理思想为指导，融合了美国的目标成本制与日本独特的组织管理体制的一种战略成本管理方法，操作层面上有“目标成本”和“成本设计”双层意义。成本企划首先要确定目标成本，目标成本是通过有机结合市场竞争机制和企业的经营战略，将最可能赢得消费者认可的售价扣除期望利润目标利润后得出的，作为企业的努力方向，目标成本既体现了市场的导向，又反映了企业的战略要求。其次，成本企划采用“成本工程”等方法来确保生产的产品满足目标。成本企划将传统成本管理的空间前溯至产品制造阶段之前的阶段（产品的规划、设计、测试等阶段），成本控制不仅考虑生产阶段的真实消耗，也考虑战略策划、产品开发、外部价值链约束等多方要求，同时满足了从上游到下游的全过程综合利益。

成本企划观点认为，成本源于生产制造过程。产品设计过程就是在图纸上预演生产过程，实际制造过程中各种要求就是预演时的各项约束条件。因此，在图纸上预演成本发生时进行成本控制与管理是必要的事前控制手段。产品设计阶段的成本企划可以将成本控制与降低的重心从生产制造阶段往前面阶段转移。成本企划具有源流管理的属性，即在成本管理“重心转移”理论指导下，成本管理控制成本的活动始于事物的源头产品开发设计阶段乃至商品策划阶段，避免后续制造过程中非必要成本的产生。即源流式成本管理的实施使成本降低的空间与时间范围大大扩展，使得成本大幅度降低成为可能。成本源流管理中成本降低的现象体现了成本筑入的本质。成本筑入是指将成本视为一种实体，在装配成产品时与材料、零配件一并装配进产品中。利用 CAD 等技术，将成本视为一个参数，筑入产品的设计图纸中，在设计阶段就考虑了产品成本的各种影响因素，排除了各种无效或低效成本因素，确保了成本降低的可能性。

先进的组织管理形式和工程技术的支持是成功的成本筑入和成本预演的基础，而成本筑入和成本预演正是成本企划的方法核心。在组织管理形式上，多级垂直的组织模式变为扁平形组织，或者跨部门跨专业的跨团队组织支持。这种组织模式可使线性开发模式变成并行设计模式，降低不同领域之间信息的共享协商交流的难度和决策的复杂性要求。另外，这种组织模式获得了管理学知识和工程技术的支持。在成本筑入过程中，需将所有设计阶段的成本因素和生产组织过程进行一次全方位的评估和规划，大量的工程指标信息和财务成本指标需要采用计算机技术、知识管理技术进行规划、组织、管理、评估，才能作出成本降低的合理决策。

（二）基本流程

企业实施成本企划会由于实施基础和目标差异而表现出不同的形态，但是其基本流程是相同的。成本企划的基本流程可以用图 2－7 表示：

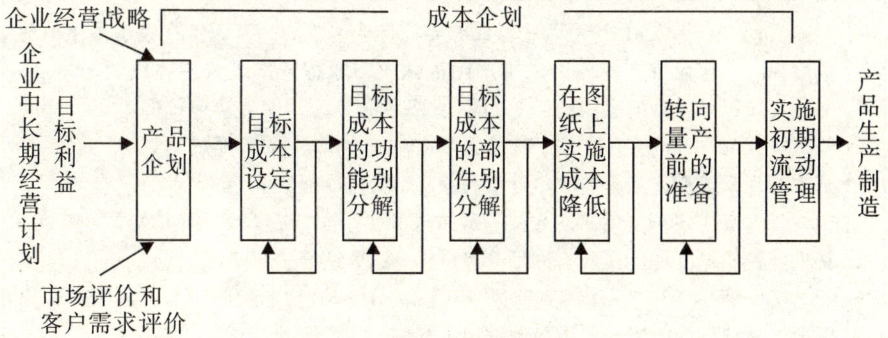

图 2－7　成本企划的基本流程

1. 成本企划的起点是商品和产品企划

企业依据自身的战略规划与市场的分析预测，确定待开发产品的各种基本信息（如功能、价格、成本），形成基于市场和企业战略的产品观念，并指引成本企划中的各流程。

2. 成本企划的重点是开展成本设定分解达成的循环流程

成本企划是一个针对目标成本的多重循环挤压过程，设计图纸上的成本降低活动是通过目标成本的“设定→分解→达成→（再设定）→再分解……”过程实现的。将“设定→分解→达成……”的循环过程筑入产品的概念设计、功能设计详细设计和工序设计等各个阶段。在最终产品设计方案确定时，目标成本也全部筑入了产品各组件和各工艺作业过程，在实际生产之前已最大化地控制了各项成本因素。

3. 实施初期流动管理，为产品大量生产做好准备

在设计末期和生产初期，需对整个设计阶段成本企划活动做全面分析和评价，综合考虑各项矛盾而又相互联系的因素，解决潜在的问题。成本企划的成果通过有效的初期流动管理过程转化为生产现实，且效果更巩固与长久。

三、作业成本法与成本企划评价

作为两种重要的战略成本管理方法，作业成本法与成本企划各有优劣，见表2－1与表2－2：

表2－1 作业成本法评价

优点	（1）从传统的以产品为中心转移到以作业为中心，着眼点在成本发生的前因后果上。作业成本管理以成本动因为依据，通过分别设置多样化的成本库，并按反映因果关系的成本动因进行制造费用的分配，使许多传统的不可控的间接成本成为可控的直接成本，进而提供相对准确真实的产品成本信息，以实现成本管理系统所应具有的成本计量和存货估价方面的职能 （2）拓宽了成本管理对象——成本标的的范围，成本标的不应局限于产品，还应当包括零部件、作业、过程、客户、分销渠道等 （3）揭示了职能型组织结构及相应成本管理报告的缺陷，提倡以满足客户需要、过程导向、跨职能界限的结构进行成本管理活动 （4）成本管理重心从纯粹的成本计量转向解释成本性态和成本结构，以便企业能够科学、有效地预测和控制未来的成本管理活动 作业成本管理通过对所有作业活动进行动态的追踪反映和作业分析，尽可能消除不增值作业，提高增值作业的效率，优化作业链和价值链，最终增加客户价值，提供及时有用的信息，促使浪费和损失降到最低，从而促进企业管理水平的不断提高

（续上表）

局限	（1）它虽然深入企业的作业层次，但仍是一种内向型管理，着重于战术型的成本动因及生产领域的改善控制，以提高企业的内部效率。未能将成本管理扩大到企业的外部领域，未能考虑到企业战略成本动因。在客户导向的全球竞争环境下，作业成本管理的内向性难以维持企业长久的竞争优势以及长期的获利能力 （2）主张在空间层面进行成本管理，忽视了时间层面，使其难以从长期的全生命周期角度进行成本管理。虽然作业成本管理能够改善企业的经营成本结构，但是由于没有将作业与客户满意度结合起来，无法揭示有关快速响应客户、提高过程柔性的行动，其实质仍然是一种短期视角基础上的经营战术型成本管理 只针对有形成本的管理，忽视了作业的质量和时间因素，其实质是一种狭义成本管理观。广义成本管理观下的作业分析应当包括作业的成本、时间和质量因素

表 2－2　成本企划评价

优点	（1）客户与市场导向。成本企划是以客户、市场为立足点，基于最具竞争力的市场价格，设计最受客户欢迎的产品，制定企业应该达到的产品成本——必达目标成本。成本企划中的成本计算与传统的成本基础定价法不同，它是一种价格引导的成本计算方法 （2）源流成本管理。人们已经接受了这样一条规则，即 80% 的产品成本在产品设计阶段就已经确定为约束性成本，90% ~95% 的产品成本在产品工艺流程阶段就已经确定。一旦产品投入生产，降低成本的空间将不大。针对这一事实，成本企划提出了源流成本管理的思想，将管理产品成本的重心从生产阶段前移到设计阶段乃至构思、开发、策划阶段 （3）前馈式成本管理。成本企划中成本控制重点的前移使得管理者更注重产品的开发设计阶段。一个完成了的产品策划或设计，就类似于对产品的生产、制造和销售全过程进行了一次仿真模拟。模拟过程中被赋予的各种条件就是实际生产过程中具体各项要求事项的体现，通过在模拟中得到的信息及时调整设计策略或者产品功能来控制产品成本，便可实现成本的前馈式管理 （4）综合性成本管理。成本企划过程由设计团队进行，团队成员一般由总经理、总工程师、产品的项目经理以及采购、车间、销售各个职能部门的代表构成，关系密切的供应商也会加入团队。团队的共同目标是在保证目标利润的前提下，将具有目标功能、质量、价格的产品发送给特定的客户群。设计的基本原则是：若客户不认同的功能（如没有使用价值的功能）不能为企业带来额外收益，则应当被除去

（续上表）

局限	（1）成本计算方法的缺陷导致成本预测失真、成本企划失效。成本预测是成本企划中最重要的环节之一，成本预测的准确性将直接影响到企业的决策和成本企划的效用，成本计算模型决定了成本预测的准确性。日本的成本计算模型由直接成本和间接成本构成，设计人员在规划目标成本时从成本表这种数据库形式中获取数据进行成本预测，并与必达目标成本相比较，以作出是否继续进行价值工程活动的决策。为适应市场和环境变化，成本表中的成本数据定期更新，直接成本数据直接获取，间接成本分配率数据由间接成本总额除以人工工时、机器工时获得。然而，在今天的全球竞争环境下，随着科学技术的快速发展，公司及其生产经营环境发生了巨大的变化，这些变化使间接成本分配方法遇到了两大问题。其一是间接成本（如设备的折旧费用）比重增大，直接人工成本比重下降，从而导致间接成本分配率很高，很容易造成产品成本失真。其二是随着与人工工时、机器工时无关的间接成本快速增加（诸如设备调整准备费用、生产费用、工模具费用、设备及其维护费用等），用不具因果关系的人工工时、机器工时去分配间接成本，必定产生错误的成本信息。间接成本分配率的错误将导致成本预测错误，进而成本企划的效用也将受到质疑，很可能会因不准确的成本预测导致亏损产品面世 （2）成本企划主张在时间层面管理成本，忽略了成本动因在空间层面对企业成本管理的影响。成本企划在产品设计阶段对生产制造、销售产品的成本进行传递、分解、挤压。如果缺乏成本动因分析和作业分析，武断的成本传递、分解与挤压过程将缺乏科学依据 （3）成本企划专注于设计阶段的成本管理。成本企划虽然面向市场，根据市场容许的价格来决定企业容许的成本，并在产品开发设计阶段通过实施价值工程来保证目标成本的实现。但是，成本改进工作是一项系统工程，包括设计、生产、采购、销售、售后服务等环节的多项作业，需要企业全体人员共同努力来管理成本，提高业绩。企业在非设计阶段实施的作业对目标成本的最终实现起着关键作用，而成本企划对这些作业链的管理与控制则缺乏相应的手段与方法

第四节　知识管理

一、知识工程

知识工程（Knowledge Based Engineering，KBE）最早由美国人工智能专家 E. A. 费根鲍姆提出。所谓知识管理，是指结合人工智能与计算机技术的科研命题，即以计算机来模拟人的大脑的部分功能，以分析解决问题；或利用已存在的旧知识自我推导出新的知识，自主回答用户查询与提问等。获取知识并按计算机可识别的规范将抽象知识表达出来，追溯知识管理的源头，运用知识来解决实际问题是知识管理的主要功能。因此，知识工程的主要研究内容是知识获取、知识表示、知识运用和处理。

（一）知识获取

知识获取被公认为是知识管理的难点，一个专家获取系统的建立需要大量的知识，知识获取也需花费许多人力、物力与财力。各种知识获取的方法是主要研究的问题，如：采用何种方法对专家或书本的知识进行理解、认识、选择、抽取、汇集、分类和组织；采用何种方法从既有知识或已存知识和实例中导出新知识，或通过学习获取新知识；采用何种方法检验或维持已获取知识的一致性、非冲突性和完全性约束；采用何种方法降低已获取知识的冗余度等。知识获取有主动式与被动式两大类。知识管理系统利用软件工具（类似归纳程序），依据领域专家提供的数据与资料直接自动获取或产生知识，并装入知识库中，这称为主动式知识获取或知识的直接获取。由中介人（知识工程师或用户）采用相关工具（知识编辑器之类）间接把知识导入知识管理系统，这称为被动式知识获取或知识的间接获取。知识管理系统获取知识的工作方式有交互式和自主式两种，交互式知识获取主要适合从专家大脑中获取知识，对用户或知识工程师透明度较大，控制能力较强，在获取知识的过程中要与人不断交互，如提问求答、提供解释、要求输入信息或请求验证等。自主式知识获取则相反，在获取过程中无须交互，完全由知识管理系统自主完成，如输入的是音频、视频、文档、图片，知识管理系统自动转换输出其中抽取出来的知识。自主式知识获取中有许多技术难点，如识别技术、自然语言理解和认知科学等。按知识获取的机理或策略，可分为：机械照搬式（死记硬背式）获取、传授式（教学式）获取、条件反射式获取、解释式获取、演绎式获取、猜想证实式获取、归纳式获取、修正反馈式获取、延展式获取、类比和联想式获取等。

（二）知识表示

知识表示是把知识转化成计算机可接受的符号并以某种形式描述出来。诸如图表结构、语法树、规则匹配模式、树形或网状表达等。简言之，知识表示就是知识的符号化过程，即把相关问题的知识加以形式化描述，表示为便于机器（计算机）存储、管理和调用的某种数据结构模式。知识表示是以数据结构形式将现实世界的事实、关系、过程进行编码，并结合解释过程，采用适当的程序方式产生智能行为，是现实世界抽象知识与计算机中知识库相关知识记录之间的纽带，是建立知识管理系统的前提。知识本身有不同的种类，有关于问题领域的性质及求解目标、求解环境及其已知条件、相关特性等方面的静态的事实知识；有能依据一定的规则，推导出相关的结论与目标的规律性知识和能够实施匹配的序列操作性过程知识；还有用于取舍问题的求解策略、控制信息实施方法、决定推理路线的选取原则等方面的控制性知识。不同的知识需要用不同的形式和方法来表示，智能机器系统如同智能生物一样，在运用知识进行信息交流或对智能问题进行求解时，都需要预先进行知识表示进而实现知识调用，达到利用知识解决问题的目的。因而知识表示是知识信息处理系统中必不可少的关键环节。对智能机器系统而言，知识表示实际上就是对知识的一种描述或约定。其本质就是采用某种技术模式，把所要求解问题的相关知识映射为一种便于找到该问题解的数据结构。人工智能的知识表示方法有几十种之多，主要有谓词逻辑表示法、语义网络表示法、框架表示法、过程表示法、Petri 网表示法、与/或图表示法、状态空间表示法和人工神经元网络（ANN）表示法等。这些表示法适用于表示各种不同的知识，从而出现于各种应用领域。产品设计阶段的成本知识管理具有较宽领域，需要多专家系统的聚合系统（或称协同式专家系统）和分布式多功能知识管理系统的支撑，更需要融合几种知识表示方法。

（三）知识运用和处理

知识须经过合理的运用方能对社会、经济、科学等各方面产生效益，知识来源于现实世界，知识的运用又对现实世界产生重大的影响和作用。人们可运用知识来解决问题并改造世界，如进行产品设计、生产制造、社会管理、未来探索、文艺创作等。知识管理学只研究各种知识在具体运用中可能遇到的一些模式与方法，并非研究所有具体运用的领域。知识具体运用的方法有知识推理、知识搜索、知识管理维护、知识识别匹配等。知识推理研究假设与结论间的逻辑推导关系及置信度的传递规则；知识搜索研究如何从泛对象（包括知识本身）中搜索（或探索）满足约束的特定结论或最佳解决途径；知识管理维护研究如何在保证知识库中知识的一致性和完整性的同时，对知识库中信息的各种检索、增加、删除或修改操作的方法和技术；知识识别匹配研究信息不充足环境中如何进行对象识别的原理与方法，以及在规定范围集合内，如何将一个或多个数据或对象与约定原型匹配的各种原理和方法。

二、知识库

知识库（Knowledge Base）是人工智能（AI）和数据库（DB）相结合的产物，是针对特定领域问题求解需要的知识集合，当知识以一定的结构方式存储并具有一定的共享性和持久性，且这种集合的元素数量很大时，就需要进行管理，管理知识库的计算机软件被称为知识库管理系统（Knowledge Base Management System，KBMS）。

知识库的有组织性与计算机易处理性使基于知识的系统（或专家系统）具有智能性。许多程序运用了知识，但不完全建立在知识库基础上，只有基于知识库的智能程序才能被称为知识系统。知识系统与一般的应用程序的主要区别在于，前者是一个相对独立的程序实体，是将应用领域的问题求解知识进行显式的表达，后者是把问题求解的知识隐含地编码在程序中。

知识库的主要特征如下：

（1）模块化。各种知识依据它们的背景特征、应用领域特征、运用特征、属性特征等构成了知识库，具有规范的组织结构形式。

（2）层次性。“事实知识”处于知识库中的最底层；“控制规则”构成知识库的中间层，是用来控制最底层的“事实知识”的知识；“策略”

是规则的规则，构成了知识库的最高层，控制中间层的知识。在知识库中，知识除具有层次关系，同层的知识之间也存在相互依赖的关系。因此，可采用关系数据库的形式实现关系描述。

（3）不确定性。一般的关系数据库中所有处理都是确定的，但知识库中却存在不确定性度量——可信度（信任区间、置信度等）。可信度是存在于所有层次，并不归属于任一层次的特殊形式的知识，对有关事实、规则、策略和问题，都可标以可信度，有的不只属于某一层次（或者说在任一层次都存在）。可以用增广知识库实现可信度的表达。

（4）典型推理性。假如解决某问题的途径是肯定的、必然的，则可将其存储于典型方法库中，典型方法库是知识库中的特殊构成部分。机器推理将优先选用典型方法库中的某一具体部分。

三、成本知识范围

由于成本决策过程具有相似性，所以每一类型的成本知识大致相同，都包括与各阶段对应的目标成本和各种资源约束，也包括该阶段进行成本估算、成本分析、成本降低的主要方法、原理、规则以及成本的构成和描述等。但由于产品成本全生命周期每一阶段的专业知识对成本的影响各有侧重，因此其内容的侧重点也具有差异性。主要的成本知识如下：

（一）设计成本知识

全生命周期成本控制的控制范围扩大至产品设计阶段和销售及售后服务阶段，比传统的成本控制范围更广；而成本控制的重心也由生产制造阶段前移至设计阶段，比传统的成本控制周期更长。据此，以成本控制为中心的设计活动所需要的知识范围也更加广泛，具体包括：

（1）物料成本知识。物料成本主要关注数量和物料的替代性两方面，设计活动需要的知识主要包括：减少材料用量的相关知识（如为满足强度要求又减少材料用量，可减小零件壁厚）；物料成本的结构合理性的相关知识（如利用特殊的局部材料降低成本）；物料选择合理性的相关知识（如分析是否存在可替代的性价比更高的材料和零部件，选用通用件、标准件、借用件和外购外协件的设计知识和增加零部件互换性的相关知识）；影响材料成本的加工工艺合理性的相关知识（如为达到提高材料利用率的目的，在零件上尺寸相差较大时可以分解为多个零件）。

（2）加工成本知识。后续的工艺和制造成本的降低应在设计过程中即加以考虑，包括的知识主要有：选择合理加工工艺、机床、刀具、夹具以降低零部件装配与加工成本的相关知识；确定毛坯成型优选方法等以降低制造成本为目标的毛坯工艺性相关知识；零部件结构的工艺性知识和制造性知识（如尽量采用整体、集成和多功能结构以降低成本）；以降低成本为目标的动力传导原理、任务分配原理、自补偿原理、稳定性原理中的原则性知识；通过改善加工批量降低制造成本的零件成本知识。

（二）工艺成本知识

在保证使用性能的前提下，充分利用已有的生产资源，以较小劳动量、较高生产率、较少材料消耗的低成本方法制造出产品，这需要以良好的工艺规划为基础。工艺成本知识是工艺设计过程中，工艺设计人员在进行成本决策时所运用的各种现场经验和数据等的集合，包括基于已完成工艺设计的实例零件的零件经验性规则知识；与实例零件相对应的实例工艺的工艺经验性规程知识。如各种选择规则（加工方法选择规则，机床、夹具、刀具、量具的选择规则等）、过程性算法及对工艺决策过程进行控制的知识等。

（三）采购成本知识

采购成本构成了产品材料成本的重要部分，而采购价格又是采购成本占比最大的部分。采购成本的责任部门是采购部，采购人员以获取最具性价比的材料为成本控制目标，即以最低的价格获得最合适的物料。实现这一目标的关键是充分掌握关于采购对象和采购过程的相关知识，主要包括外购物料的价格、主要生产地、生产要求、替代品、性能、最优进货批量、折扣水平、储存性、运输周期等，这也是评价和选取合适供应商的基础。

（四）生产制造成本知识

生产制造过程是设计方案和工艺规划的具体执行，这一阶段的成本控制具有多维层次的特点，且与设计、工艺规划及制造过程紧切相关。生产制造过程的成本知识主要包括制造资源知识和制造过程知识，体现在制造资源的利用程度和制造过程的效率对成本的影响方面。

制造资源知识指有关制造产品的各种耗用资源的知识，与成本会计相匹配的制造资源知识也有料、工、费三部分，具体是：原材料、辅助材料的制造工艺参数等有关“料”的知识，所需工人技术水平及人工工时和机器工时等有关“工”的知识，各工艺过程所用设备及设备特征参数等有关“费”的知识。制造过程知识指在生产满足约束的产品或零件的过程中所需的各种知识，包括设备管理知识、各工艺过程中产品生产数据实例、质量检验数据实例等各种生产控制信息和管理知识。

（五）销售及售后服务成本知识

销售是企业内部物流的终点，也是资金流的起点，是突破企业内部，直接面向市场的作业环节。销售部门的责任主要是对市场进行深入的调查分析，紧密围绕客户，使企业设计与生产的产品在达到低成本目标的同时符合市场需求，拥有市场占有率。此过程产生的主要成本是销售成本，对销售成本的控制起到关键作用的知识主要包括客户相关知识和售后服务知识。

（1）客户相关知识。此类知识是企业进行客户分析的重要基础，主要体现出通过市场调查或经验数据获得的客户对产品的需求，包括价格承受力、外观特征要求、功能要求、运输存储要求等。客户相关知识能有效匹配客户需求与企业产品，协助企业准确细分市场并寻找产品定位，深入挖掘客户资源，制定相应的经济合理的个性化营销策略，从而达到降低销售成本和设计费用的目的。

（2）售后服务知识。此类知识包括产品使用、维修、保养等知识。这些知识由销售人员提供给客户，可使客户正确使用产品，从而减少维修次数，延长使用时间，降低售后服务成本。此外，通过客户对产品使用与售后服务的信息反馈，企业及时掌握并积极响应市场动态与客户需求，及时调整营销策略，也便于针对产品缺陷进行改型设计或产品升级。

本章小结

本章对后续章节中涉及的产品设计、并行工程、作业成本法、成本企划、知识管理等相关概念及方法进行了一般性论述，是全书的理论基础。本章界定了本书以并行工程为主要的设计方法，以作业成本法与成本企划为管理思想，遵循系统设计理论与一般的设计过程，在成本控制中主要采用知识库的方法进行知识表示与求解。

第三章

构建“目标—作业”成本管理体系

第二章论述了作业成本法和成本企划在内容上有一定的交叉，但各有各的侧重点。成本源流管理是成本企划的重要内容，即成本管理应从产品生命周期的源头——产品设计阶段进行。而作业层面成本管理是作业成本法的重点，是在准确计算经营成本的基础上进行战术层面的成本管理。作业成本法和成本企划既有区别，也有很强的互补性。本章以第二章内容为基础，提出“目标—作业”成本管理体系，该体系是在产品设计阶段，将作业成本法和成本企划系统地、有机地融合起来，以目标成本作为指导成本控制的标准，以作业成本作为成本估算的基础，以此支持设计阶段全生命周期的成本管理工作。

在产品设计初期，由于各项产品数据尚不精确，此时可以引入成本企划的目标成本理念，以市场和客户需求为源头确定粗略的目标成本，并不断反馈评价直至满足需求。随着设计的深入，设计已知条件越多，目标成本可以分解至更细的层次，并以作业成本为基础进行成本估算，评价是否满足目标成本，并寻求解决方案。整个框架与产品设计的步骤紧密结合，具有成本企划与作业成本法的双重优点。

第一节 “目标—作业”成本管理体系的基本框架

目标成本是需求清单的一部分。需求清单是项目计划的起点，由多部门跨学科编制完成。需求清单需划分为固定需求与最低需求（定量信息）和期望（定性信息），并在项目执行过程中不断修正。因此，其信息来源必须详细列示，并建立修正流程。在此基础上，笔者结合产品设计过程，提出了“目标—作业”成本管理体系，其基本框架如图 3－1 所示。

从图 3－1 中可以看出，“目标—作业”成本管理体系从企业的战略管理出发，整合了作业成本法和成本企划两大基本成本管理方法，对企业的内部环境与外部环境以及市场企业竞争地位等通过 SWOT、价值链等分析，确立了企业的竞争战略目标，并依此竞争战略来进行目标成本设定，确定成本管理所要达到的目标，从而保持企业在市场竞争中的成本优势。“目标—作业”成本管理体系可以实现客户收益与企业收益的有效统一，企业内部管理与企业外部管理的有效统一。

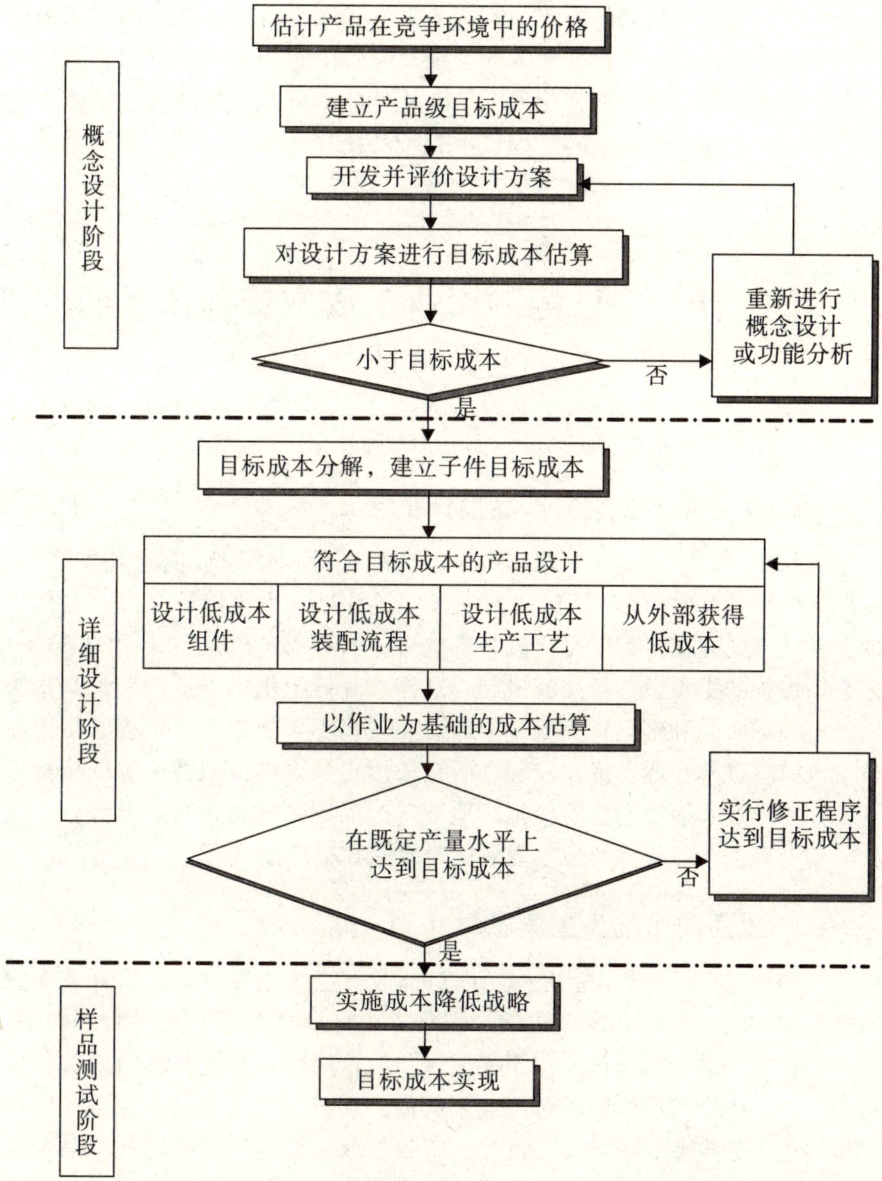

图 3－1　“目标—作业”成本管理体系框架

同时，该体系符合设计方法学的要求。产品设计的过程由项目工作阶段与设计方法学确定的具体步骤所决定，本身具有由未知到已知、由抽象到具体、由粗略到精确的特点，所有的工作步骤都可由各个问题求解的过程循环进行处理，这与目标成本的确定及分解的过程相匹配，而作业分解与设计工程中的成本估算密切配合，因此该体系可实现战略与战术成本管理的统一，时间层面与空间层面成本管理的统一，事前、事中和事后成本管理的统一。

第二节 “目标—作业”成本管理体系的主要特征

一、满足并行工程的产品设计平台

“目标—作业”成本管理体系中，产品设计以协同环境为开发平台，借助建模工具（如 CAD 等）协同完成。设计过程中采用计算机、数据库的各种信息处理技术和信息交流共享机制（如 PLM、PDM 和 ERP 技术等）来替换传统的手工设计与交流机制。这样，全球范围可以进行异地同步协同，多领域协同和多学科交流也可即时实现；不再依赖手工报表和数据评价筑入成本过程和成本优化过程，而是采用更具真实模拟性的协同仿真技术，在三维数字模型和数字模拟环境下对产品虚拟样机进行综合评估，最大限度地确保产品设计与成本控制的时效性和精准性。

二、以面向市场为主导思想

“目标—作业”成本管理体系以目标成本法为主导方法。目标成本法直接面向市场，在产品设计之初，即概念设计阶段就着手成本管理控制，将市场竞争压力分解至产品甚至零配件。设计部门和其他各部门（如供应链各部门、生产部门、财务部门等）间的沟通联系与协同在目标成本的确立过程中十分重要，因此，“目标—作业”成本管理体系与协同产品开发有着天然的联系，而成本估算和成本建模可借助各种协同设计的工程技术（如 DFCT 等）来实现。“目标—作业”成本管理体系在协同开发环境平台上运用了目标成本法面向市场的管理方法，其基本实施框架由目标成本法的思想和基本操作程序确立。

三、以结合作业分析法的价值工程为主要方法

价值工程（VE）是主要研究如何用最少的资源与成本去实现必要的功能，生产符合客户需要的产品，研究如何使产品功能与成本达到最优结合的一门科学。价值工程中的价值是一种评价标准，它以产品的效用和为获得这种效用而投入资源的比例来进行评价。价值工程的表达式为：产品价值 V = 产品功能 F/产品生命周期成本 C。

为达成目标成本，需对产品零部件的功能成本特性进行功能—成本的价值分析（VA），由于确定了设计方案之后，也就基本确定了一件产品对应的作业种类和数量，即基本确定此产品的资源消耗，因此达成目标成本的重要途径之一是提高作业效率和改进作业链，并行评价作业产出效果以明确作业链是否合理也成为成本管理的重要内容。结合作业分析法的价值工程评价，可在产品设计方案到作业到成本再到资源之间建立相对应的关系，将产品设计方案利用作业成本管理的方法，通过产品作业链的分析实现对其评价，再通过优化产品作业链，从而在目标成本得以实现的同时，实现产品方案的优化设计，使产品成本从源头上降低。

此外，通过规划作业流程层次的成本因素，采用作业重组、作业链重构、作业分析等相关措施，可使管理层面的成本管理措施与生产层面的具体业务有机地联系在一起，战略成本管理不再是一个高高在上的命题，而成为一项具体的作业任务，更具有现实性。

第三节　“目标—作业”成本管理流程与方法体系

一、目标成本的设定

目标成本法具有很强的市场敏感性，在这一环节可利用这一特性，充分体现面向市场和客户的思想，通过市场调查了解客户的产品认知价值情况和竞争对手的生产及销售情况，据此确定目标价格，扣除目标利润后即得到产品级目标成本，必要时可计算产品全生命周期的盈亏平点，从而确定产品全生命周期成本（考虑制造、维持使用、报废各项因素）。同时，

若企业采用的是成本领先战略，目标成本应在满足客户对该产品的基本功能需求的同时，比竞争对手的成本低，从而借成本优势使企业的收益高于行业平均水平，以确保企业的竞争优势；若企业采取差异化竞争战略，则目标成本应在满足客户对该产品的差异化特殊功能需求的基础上，与竞争对手持平或略高于竞争对手，从而借产品的差异性优势使企业的收益高于竞争对手，以确保企业的竞争优势。

此环节采用了战略成本管理中的诸多方法，如价值链分析、目标成本法、成本动因分析法等，来确定产品级目标成本，并采用合适的方法评价确定的目标成本方案。一方面，根据企业所处的市场环境，结合企业自身的价值链分析，采用将市场价格扣除必要利润的倒挤法获得产品全生命周期中的目标成本。另一方面，由于成本是多重成本动因共同作用的结果，各相关成本动因结合起来可以决定一种既定作业的成本，因此通过识别和分析成本动因可以确定产品成本结构与变化原因，利用作业成本法的原理将各作业动因成本按汇总法确定目标成本。不同方式确定的产品级目标成本可采用适当的统计决策方法进行评价，最后确定的产品级目标成本将指导后续的步骤与环节。

二、目标成本的分解

确定了产品级目标成本以后，首先应在产品的功能域进行分解，以及确定何种零配件可完成所需功能；其次，按功能域在零配件级进行目标成本分解；最后，根据各零配件生产所需的各项作业，在作业级将目标成本再次分解，即确定目标作业成本。这样既运用价值—功能分析法对目标成本进行了分解，又明确了产品生产所需的各项作业。一系列作业组合成产品，由此通过识别出产品生产实施的各项作业而明确产品的作业链，而各产品作业链上汇聚了终端指向客户的多种价值，因此作业链的形成过程就是价值链的形成过程。这也是符合作业成本管理的观点的。

此环节除需用到上述的价值链与作业成本管理的相关方法外，还需进一步运用各种与工程技术相结合的成本筑入的方法体系。确定成本筑入标准的过程实际上就是成本压力的传递过程，也是成本的分解过程，整个目标成本挤压和规划的完成，以及最后成本设计优化方案的效果都取决于科学合理的成本分解。目标成本的分解应该是二维的，一个维度是按照产品全生命周期的时间维度逐步分解；另一个维度是按照功能维度逐层分解至作业层次。目标成本的分解既需要外部完备的市场分析资料，也需要内部的产品历史数据的充分支持。在协同设计开发的平台上，企业应利用PDM、ERP、BOM技术，建立完善一系列数据库（如产品知识库、优选案例库、通用标准库等），利用各种协同工具（如CAD、CAPP等）与协同管理工具（如过程建模、工作流、项目管理等），使目标成本随设计功能目标的分解而分解。

目标成本分解过程体现了目标成本法与作业成本思想的再次融合，接下来，应遵循成本筑入基本程序，围绕产品全作业链的价值投入与产出，在目标成本指导下完成全方位的分析评价与优化过程。

三、成本的分析与优化

产品设计中的成本分析是指根据成本目标资料和成本估算数据信息，采用适当的方法，结合客户需求、产品的工艺特点、各种耗费情况，对产品的成本进行归类、对比、分析，查明影响目标成本的关键因素，计算各因素对目标成本达成的影响程度，寻找降低成本、节约消耗的关键点，并给出相关的成本降低策略以挖掘企业内部的增产节约潜力。要进行有效的成本控制，只有科学地分析影响成本变化的主要因素，才能揭示成本变动原因，为成本控制提供决策。找出成本的影响因素及因素变化对成本的影响程度，对成本管理意义重大。

成本分析采用的方法体系主要是成本抉择关系分析体系。成本抉择关系是指特定成本动因、成本控制措施和成本管理方法之间的矛盾变动关系，以及成本与收益变动的反向关系，以活动方式和政策措施的变化导致多个成本（两个及以上）之间的相反变化为主要表现形式。成本具有互补性或代偿性的特征，即成本的各构成要素之间存在一定的互补性或代偿性，某项成本要素的增长可以降低另一成本要素的耗费；反之，某成本要素的减少极有可能是以增加另一成本要素为补偿的。这就要求成本管理中，需综合考虑各种相互冲突对立、相互互补代偿的成本动因，实施一项成本管理措施常常会造成相关的成本要素之间发生正趋同或负趋同的变化，同时影响到产品价格、产品质量、生产效率等成本之外的因素。所有这些成本要素之间的相互影响关系，以及成本与其他因素之间的相互影响关系，构成了成本抉择关系分析体系。

成本优化是在上述成本分析的基础上，以成本控制策略作为导向，采用知识库等知识管理方法，建立产品级目标成本与功能约束的产品成本优化模型，对产品的成本功能进行价值优化，并输出产品的成本数据和其他关联信息。

成本优化采用的方法体系主要是知识管理的方法体系，设计人员往往重视工艺与功能方面的工程知识，财务人员更关注材料、价格等成本知识，在协同设计的平台上，设计工程知识与成本知识需同时兼顾。可按目标成本的不同层次来开展成本优化活动。产品层次的成本优化主要通过改变产品结构来进行。产品设计的同时可方便地获得产品的零件工艺知识及结构比重知识，相应地可通过 CAD、PDM 等工具获得对应的成本要素与成本构成知识。以此为基础，相关人员利用知识求解，在权衡各方抉择关系的基础上，利用知识表示与知识求解，寻找到需重点降低成本的零配件，改变产品结构，有针对性地进行产品成本优化设计，从而有效地降低成本。零部件层次主要是通过改变材料和工艺来进行。在确定了产品结构后，对需进一步优化的具体零配件，可对影响其成本的各成本要素知识进行全面分析，测算相关成本因素的结构比，从而确定其对零配件成本变动的影响程度，考虑各成本因素之间代偿与矛盾性计算成本变动的趋势，利用知识表示与知识求解，寻找到可优化的关键性成本要素。不论是产品层次还是零配件层次，各层次的估算成本与目标成本都应始终保持对比状态。

基于并行设计的“目标—作业”成本管理基本流程与支持模块具体内容如图 3－2 所示：

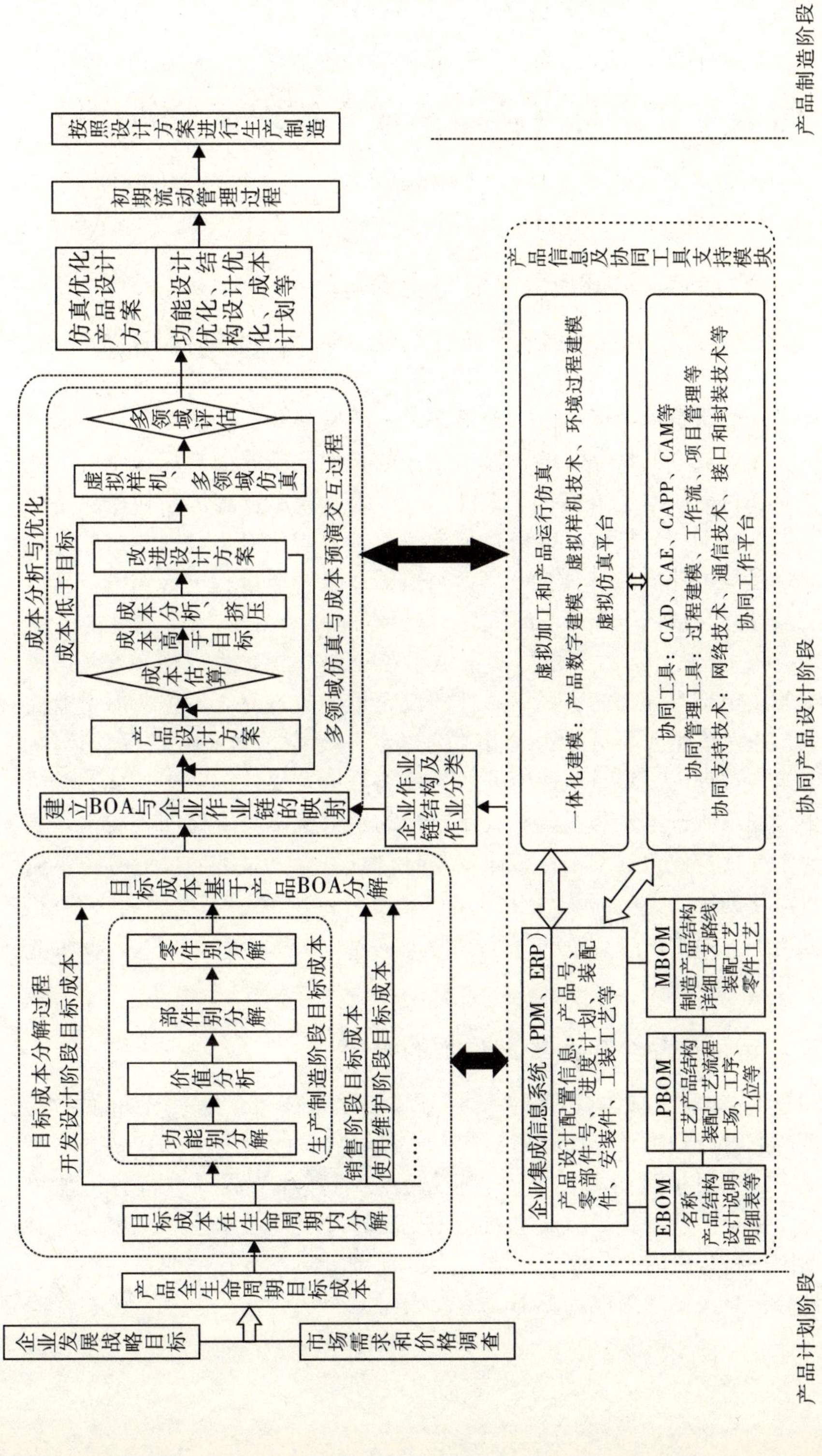

图3-2　基于并行设计的“目标—作业”成本管理基本流程与支持模块

第四节 “目标—作业”成本管理体系的优点

一、扩大了成本管理的时间与空间范围

“目标—作业”成本管理体系跨越了单一会计期间的时间范围。“目标—作业”成本管理体系并非片面地考虑产品成本对当期成本利润的影响，而是从战略管理角度出发，着眼于未来的发展和长期的竞争战略而订立目标，考虑成本的长期影响，提高企业的长期竞争能力，增强企业的战略优势。在目标成本达成方面，“目标—作业”成本管理体系使用战略成本动因的价值工程分析，采取措施与方法改善或优化成本动因，这些优化措施很多是资本性支出（如投资厂房与机器以增加产量，进行技术革新以改良产品性能与结构等），跨越了多个会计期间。

“目标—作业”成本管理体系突破了单一企业的空间范围。首先，目标成本的设定具有很强的市场敏感性，设定目标成本时，不仅考虑企业内部因素，也考虑企业所处的外部市场环境特别是竞争对手的情况。其次，在成本筑入过程中，注重企业所处的价值链分析及供应链分析，从上游可获得更低的采购成本，从下游可获得更低的销售成本与维修回收成本。最后，成本分析与优化过程中，该体系需将自身与竞争对手的价值链与供应链进行对比分析，充分考虑优化措施给诸多外部因素（如供应商、客户、潜在进入者、替代者、竞争者）带来的影响，以随时调整自己的应对之策。

二、运用产品全生命周期成本的概念

“目标—作业”成本管理体系中的成本是结合产品全生命周期的成本，涉及从产品设计到生产、库存、销售、售后维护、回收的全部环节。除了生产成本，也对生产阶段上、下游领域发生的各环节成本进行分析与控制，可以更全面地寻找优化成本的措施。同时“目标—作业”成本管理对成本动因进行分析时，扩大了成本动因的范围，除了有形的成本动因，也详细地分析与控制战略层的无形成本动因，因而“目标—作业”成本管理

体系具有全面性的特点。另外，“目标—作业”成本管理体系运用全生命周期理论，强调事前规划、事中控制、事后分析考核，在产品设计直至回收的全生命周期过程中全方位地实施各项降低成本的措施，有效地进行控制与管理。

三、节约设计时间

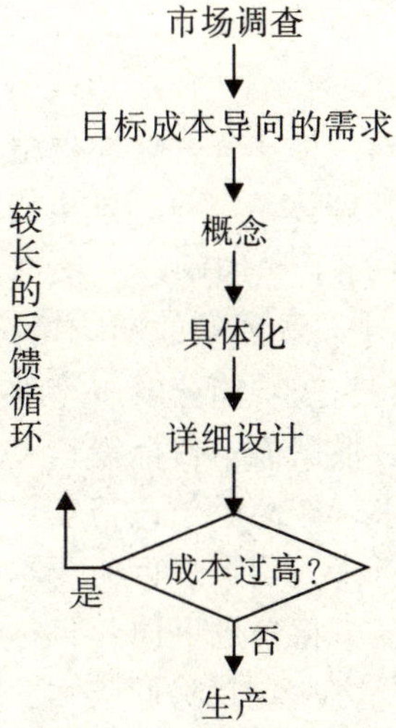

图3－3a 传统的产品设计开发方法

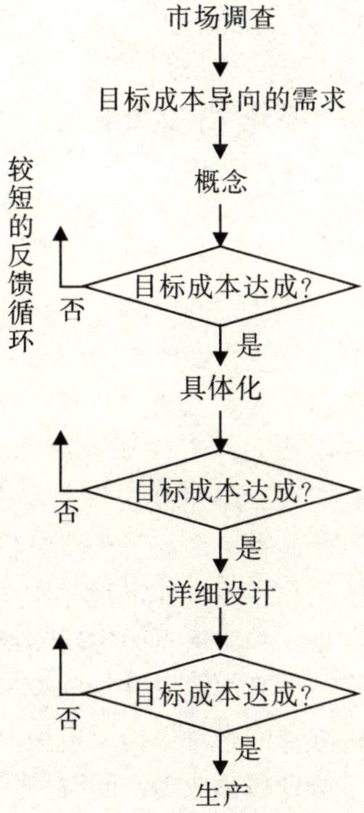

图3－3b “目标—作业”成本管理体系引导下的产品设计开发方法

确定目标成本后，可根据产品的功能、装配或部件的不同，采用不同的方法将整体目标成本分解成部分目标成本。在随后整个产品设计开发进程中，还需密切关注并坚持既定的部分目标成本，并在计划—检查—干预的管理周期中对产品设计过程中的产品成本进行基本控制。

图3－3描述了传统的产品设计开发方法与“目标—作业”成本管理体系引导下的产品设计开发方法的区别。在传统的产品设计开发的任务中

(图3-3a)，设计开发部门无法得到与实际成本相关的反馈，在生产计划和成本管理部门初步计算产品成本之前，常常已形成完整的制造文件如图纸、部件清单等，一些改变也常常会造成大量时间与金钱的浪费，造成时间延长与反馈无效。决策反馈修正的周期越长，改变的成本越高。与之相反，"目标—作业"成本管理体系在整个设计开发过程中遵循目标成本约束（图3-3b），对预先设定的部分目标成本进行一致性约束与并发控制，可以尽可能早地查明与纠正出现的偏差，从而使迭代循环越来越短（短反馈）。这样，在整个产品设计开发过程形成短反馈的同时可保证目标成本的实现，这对产品开发有重要影响。

本章小结

本章以第二章的作业成本法与成本企划为基础，将二者融合，提出了与产品设计过程紧密联系的"目标—作业"成本管理体系，并对该模式的基本框架、主要特征、流程与方法体系及优点进行了详细阐述。该体系中，企业首先应从战略角度出发，考虑长期对内外部各因素的影响情况，制定产品级目标成本。确定了产品级目标成本以后，按功能分解→零件分解→作业分解的顺序逐步确定目标作业成本。最后根据成本目标资料和成本估算数据信息，采用适当的方法，结合客户需求、产品的工艺特点、各种耗费情况，对产品的成本进行归类、对比、分析，查明影响目标成本的关键因素，计算各因素对目标成本达成的影响程度，将信息反馈到目标成本制定环节，修订目标成本，同时采用知识管理等方法寻找降低成本、节约消耗的关键点，并给出相关的成本降低策略，以挖掘企业内部的增产节约潜力。从整个价值链优化的角度采取流程再造和作业分析等方法保证分解后目标成本的达成。

第四章

目标成本的确定及评价

在第三章的“目标—作业”成本管理体系中，目标成本的确定及分解是非常重要的一个环节，而在产品设计的不同阶段，已知的信息是不一致的。在设计早期（需求描述或概念设计阶段），已知信息不多，此时应根据市场情况与客户需求，采用汇总法、倒推法或功能分析法等确定一个较笼统的目标成本，此为产品级目标成本。产品级目标成本是多种因素共同作用的结果，不同的因素对产品成本设计的影响作用不同。笔者认为对因约束条件不同而产生的多个产品级目标成本方案，应采用合理的评价方法进行评价与决策。而层次分析法（AHP 法）体现了分解、判断、综合的基本决策思维，可计算针对目标层的各评价指标权重，以及各方案针对各评价指标的评分，据此可以作出决策。

随着设计进入详细设计阶段及产品功能的分解，目标成本也应逐步分解至功能层，此为功能级目标成本。然而产品功能越多，成本越高，功能与成本具有矛盾性，采用何种方法评价产品多功能与目标成本多约束，尽早识别对客户而言不经济的一些性能，赋加权值，或删除无用功能，成为功能级目标成本分解与评价的重点。笔者认为数据采用具有黑箱研究方法特色的数据包络分析法（DEA 法），可以相对效率为基础，以多指标投入和多指标产出的权系数为决策变量，在最优化的意义上进行评价，避免了在统计平均意义上确定指标权系数，具有内在客观性。

第一节　产品级目标成本的确定

一、产品级目标成本确定的原则与影响因素

产品设计中的产品级目标成本必须首先建立。后续的产品设计过程以预先建立的目标成本为基础。建立目标成本时常常遇到市场分析与新产品销售之间的时间跨度问题。在产品设计之初建立的假设条件只有在设计进程中持续有效，才可保证产品实现目标利润。

为了尽可能降低市场失败的风险，必须遵循以下两个原则：

（1）建立可靠的目标成本。对未来市场的产品建立完全可靠的预期是不可能的，但通过对已有趋势的谨慎推断与分析，错误的预期风险会大大

降低。整体目标成本的建立也必须考虑企业未来可能的市场环境。

（2）缩短开发时间。确保可靠的市场预期的最佳方法是尽量缩短新产品开发设计的周期。设计周期越短，与早期预测发生冲突的可能性就越小。

建立产品级目标成本首先需考虑两个重要问题：客户需要什么？客户愿意为产品支付多少费用？但这些信息对建立公式化的目标成本并不足够，因为客户往往需要最好的功能却希望支付最少的费用。通常满足客户需求的特性很难量化。事实上，还有许多影响产品级目标成本确定的要素需要考虑，如图 4－1 所示：

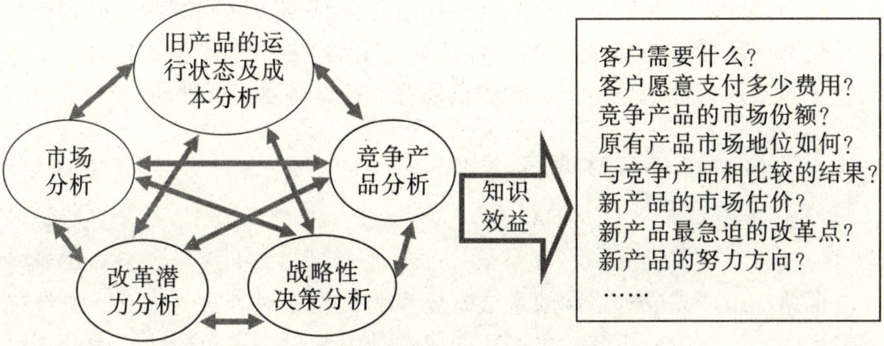

图 4－1　影响确定产品级目标成本的因素

二、用倒算法确定产品级目标成本

倒算法是目前运用得最广泛的一种目标成本计算方法，是在产品全生命周期过程中，以预期的价格销售具有特定功能和质量的目标产品，同时能够达到所期望的利润水平的成本确定方法。目标成本通常采用公式4－1表示：

$$C_t = P - G \qquad \text{公式 4－1}$$

C_t：目标成本　P：目标价格　G：目标边际利润

这个非常简单的公式中涵盖了大量决策点，需要企业计划、财务、采购、生产、销售、售后服务等各部门的合作，方可得到合理的备选方案。

首先，应分析客户需求。依据事先选定的市场区域和内部能力，公司应通过对销售历史、市场行情、重点消费客户群等进行调查分析，利用多目标模糊评价方法确定何种产品有取得市场成功的合理机会。

其次，确定产品目标价格。面对未知的需求确定产品定价并非易事，企业可结合全面质量管理与目标成本管理，阐明产品的定义、设计及制造服务过程。根据产品质量及其规格确定设计方案，根据市场调查分析预测销售量，并评价新设计产品与现存产品的关联程度，寻求历史数据支持。具体而言，可采用贝叶斯法根据不同市场占有份额情况概率确定不同产品的目标价格。

最后，计算目标成本。目标价格扣减企业预期边际利润后，得到产品目标成本。此时的目标成本不仅包括财务会计中生产制造成本的概念范围，还包括期间费用，从 LCCM 观点来看，这是必要且合理的。

三、确定产品目标成本

（一）用汇总法确定目标成本

汇总法以产品成本层次的各成本要素为依据，对其进行汇总，最终确定目标成本。首先分析各成本层次的成本动因与对应项目，然后由分析结果归纳得到汇总法确定目标成本的公式，分别确定公式中各要素费用的值，最后将各要素费用的值代入公式，便可得到最终所需的目标成本。

以库珀层级（Cooper's Hierarchy）框架为基础，分析各成本层次的成本动因与对应项目，如表 4－1 所示。从表 4－1 的分析中可推出要素目标成本的计算公式 4－2。

表 4－1　产品成本层次分析表

成本层次	分配范围	成本动因	典型项目	财务上划分
单位层	每一单位产品	产量、工时	直接材料、直接人工等	直接成本
批次层	一组产品	批次	订货成本、材料处理成本、机器调整准备成本等	间接成本
产品层	特定产品族	产品复杂性	检测成本、设计更改成本等	

（续上表）

成本层次	分配范围	成本动因	典型项目	财务上划分
设施层	整个组织	多且杂	广告费等，一般不具体到产品，作为总数列示	期间费用

$$C_t = C_{dm} + C_{dl} + C_b \cdot k_b + C_p \cdot k_p \quad \text{公式 4-2}$$

C_t：目标成本　C_{dm}：直接材料　C_{dl}：直接人工　C_b：批次层总成本

k_b：批次层成本分配率　C_p：产品层总成本　k_p：产品层成本分配率

（二）用工业工程法确定 C_{dm} 与 C_{dl}

设计部门提供零件参数、装配工艺等信息，C_{dm} 与 C_{dl} 目标成本可以准确地确定。如从 BOM 清单中获得直接材料的成本，从 CAPP 系统中获得工艺流程信息和工时准确记录，从而计算直接人工等。在工业工程法中，关于目标成本估计方法，国内外学者做了大量研究，此不赘述。

（三）用经验数据确定 C_b 与 C_p，按成本动因计算 k_b 与 k_p

间接成本 C_b 与 C_p 难以由各个具体产品计算汇总而来，故可根据经验数据估计总数（如采用回归分析法等），再分析成本动因，分配至产品。具体步骤如图 4-2 所示：

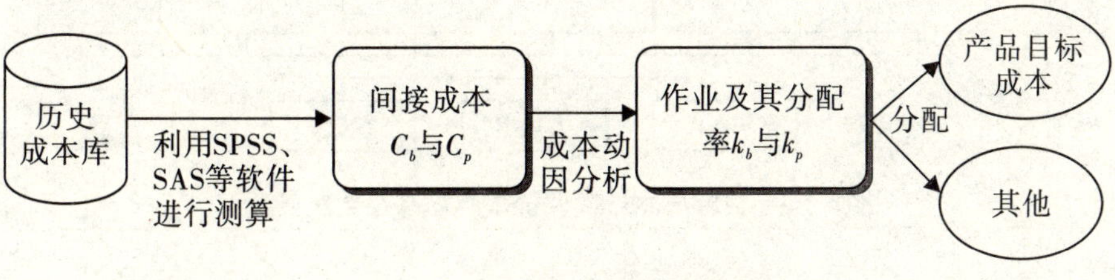

图 4-2　间接成本确定及分配过程

由汇总法计算的目标成本，需与用倒算法计算的目标成本进行对比评价，这时，不能简单地进行取大或取小计算，尚需进一步进行评价分析。

第二节 采用 AHP 法评价产品级目标成本方案

一般而言，确定的目标成本方案并不唯一，是因其约束条件不同所致。如适应不同市场细分的产品，可能需要采用不同材料，具有不同目标成本。对于这一多目标且互相冲突的决策问题，可采用 AHP 法进行评价。因为 AHP 法体现了人们的决策思维的基本特征，即分解、判断、综合。而产品成本设计也是多种因素共同作用的结果，各个因素对产品成本设计有不同的影响作用，采用 AHP 法可计算针对目标层的各评价指标权重，以及各方案针对各评价指标的评分，据此可以作出决策。

一、建立评价指标体系，形成层次结构模型

如某公司根据市场情况确定了 A（如汇总法方案）、B（如倒算法方案）、C（如现有产品现实成本）三个产品成本设计方案，决策层认为产品成本设计相关的因素为 F，如图 4－3 所示：

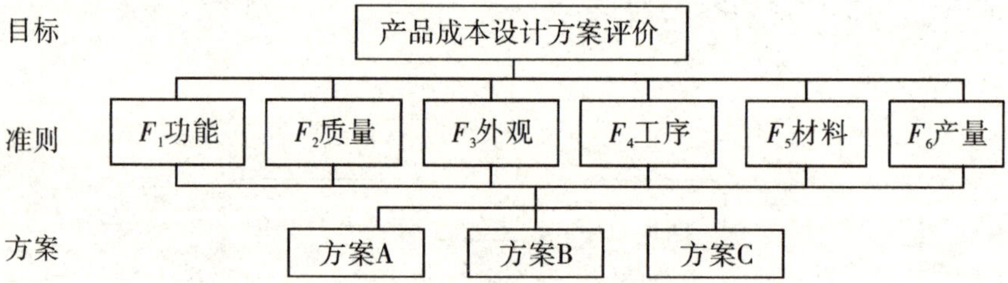

图 4－3 目标成本层次评价指标体系及层次模型

二、确定准则层评价指标对目标层的权重系数

构造两两比较判断矩阵，由判断矩阵计算被比较元素相对权重。根据专家评价或市场调研结果等，对准则层中的各项指标与目标成本规划的影响因素逐一进行比较后，确定评分值，形成判断矩阵。根据判断矩阵，计算各项指标对目标层的重要性权重以及一致性检验参数。由表 4－2 可见，各因素按重要性不同排序为：F_1（0.288 4）、F_5（0.262 7）、F_6（0.167 3）、F_2（0.159 5）、F_4（0.092 8）、F_3（0.029 2）。

表 4－2　评价指标相互比较的评分值及对目标层的重要性权重

综合评价	F_1	F_2	F_3	F_4	F_5	F_6	$\overline{w_i}$	w_i 排序值
F_1	1	3	7	5	1	1	2.172 0	0.288 4
F_2	1/3	1	9	1	1	1	1.200 9	0.159 5
F_3	1/7	1/9	1	1/7	1/5	1/4	0.220 0	0.029 2
F_4	1/5	1	7	1	1/4	1/3	0.699 0	0.092 8
F_5	1	1	5	4	1	3	1.978 6	0.262 7
F_6	1	1	4	3	1/3	1	1.259 9	0.167 3

$$\overline{w_i} = n\sqrt{\prod_{j=1}^{n} a_{ij}},\ i = 1,2,\cdots,n \qquad w_i = \frac{\overline{w_i}}{\sum_{j=1}^{n}\overline{w_i}}$$

$$\lambda_{\max} = \sum_{i=1}^{n}\frac{(AW)_i}{nw_i} = 6.619\,0$$

三、一致性检验

在判断矩阵的构造中，并不要求判断具有一致性，但为避免违反常识的结果出现，且当判断偏离一致性过大时，以排序权向量计算结果作为决策依据会出现的问题。因此需进行一致性检验，判断矩阵一致性检验指标 *C. I.* 与一致性比例 *C. R.* 。

$$C.R. = \frac{C.I.}{R.I.} \quad C.I. = \frac{\lambda_{max} - n}{n - 1}$$

平均随机一致性指标 $R.I.$ 是多次（500次以上）重复进行随机判断矩阵特征值的计算之后取算术平均数得到的。本例中，6阶 $R.I.=1.26$，3阶 $R.I.=0.52$。当 $C.R.\leqslant 0.1$ 时，一般认为判断矩阵的一致性是可以接受的。

本例中 $C.I.=0.1238$，$C.R.=0.098<0.1$，可见判断矩阵 A 的相容性良好，因而所得的因素权重也是令人满意的。

四、确定各目标成本方案在评价指标中的影响程度排序

这一步骤的主要工作是评价三个目标成本方案在不同指标下的影响程度排序，方法同前。首先分别对不同方案的各项内部资料进行两相比较，判断它们之间的相对评分值并构成判断矩阵；然后计算出各方案在各指标中的评分值，详见表4－3至表4－8：

表4－3　三个目标成本方案功能评分值

F_1	A	B	C	评分值
A	1	9	3	0.671 6
B	1/9	1	1/5	0.062 9
C	1/3	5	1	0.265 4

$\lambda_{max}=6.6190$，$C.R.=0.0998<0.1$

表4－4　三个目标成本方案质量评分值

F_2	A	B	C	评分值
A	1	7	4	0.679 8
B	1/7	1	1/3	0.081 1
C	1/4	3	1	0.203 4

$\lambda_{max}=3.209$，$C.R.=0.028<0.1$

表4－5　三个目标成本方案外观评分值

F_3	A	B	C	评分值
A	1	1/5	1/3	0.109 5
B	5	1	2	0.581 6
C	3	1/2	1	0.309 0

$\lambda_{max}=3.003$，$C.R.=0.003<0.1$

表4－6　三个目标成本方案工序评分值

F_4	A	B	C	评分值
A	1	6	3	0.666 7
B	1/6	1	1/2	0.111 1
C	1/3	2	1	0.222 2

$\lambda_{max}=3$，$C.R.=0<0.1$

表4-7 三个目标成本方案材料评分值

F_5	A	B	C	评分值
A	1	1/9	1/5	0.060 3
B	9	1	4	0.708 5
C	5	1/4	1	0.231 1

$\lambda_{max}=3.071$, $C.R.=0.068<0.1$

表4-8 三个目标成本方案产量评分值

F_6	A	B	C	评分值
A	1	1/7	1/3	0.087 9
B	7	1	3	0.669 4
C	3	1/3	1	0.242 6

$\lambda_{max}=3.006$, $C.R.=0.006<0.1$

五、确定各目标成本方案的综合评价结果

根据上述评价结果，通过一致性检验，计算各方案的目标成本的综合评价值，如表4-9所示。然后，采用加权平均法，将第一层次指标评价排序值看作总评价指标权重系数，将三个方案各指标的大小排序值看作变量，求得综合评价排序值，见表4-9末列。从综合评价结果可知，方案A的综合评价分数最高，表明方案A在保证功能、质量等方面为最优方案。

表4-9 目标成本方案综合评价

	F_1	F_2	F_3	F_4	F_5	F_6	综合排序
权重系数	0.288 4	0.159 5	0.029 2	0.092 8	0.262 7	0.167 3	
方案A	0.671 6	0.679 8	0.109 5	0.666 7	0.060 3	0.087 9	0.397 7
方案B	0.062 9	0.081 1	0.581 6	0.111 1	0.708 5	0.669 4	0.356 5
方案C	0.265 4	0.203 4	0.309 0	0.222 2	0.231 1	0.242 6	0.239 9

第三节 目标成本的分解

一、目标成本的分解基本原理

产品由不同的配件（组件）组成而实现各种功能，由不同的设计工作组完成，因此一旦公司建立了产品层次的目标成本，就可以分解至各功能层次，并与设计工作者责任挂钩。其基本原理如下：

（1）从一个类似的成本结构已知的先进产品入手。

（2）产品部件设计工作必须从一开始即与部件目标成本分解与费用分解同步进行，只有这样才能挖掘最大的成本降低潜力，激励设计者达到预期目标。

（3）经验表明，零部件目标成本在设计进程中难以保持不变。设计过程中常会发现一些零部件具备比预期更高的成本降低潜力，而另一些零部件却比预期更低。为达到总体目标，零部件目标成本需要进行相互协调。

（4）即使目标成本一开始不能直接按每个客户的喜好、需求和功能分解，也应尽可能按装配线进行确定。只有装配的零部件目标成本才可以在以后通过并行计算进行准确的控制。

（5）必须始终以客户利益为出发点建立零部件目标成本（客户愿意为产品功能、质量支付的金额数）。但是每个产品都有一个客户认为最重要的部件（如汽车的轮胎、发动机），对此客户并不排斥可以接受的价格，相反也有一些零部件成本功能性不太重要，成本相对较低但客户愿意支付更多。

（6）目标成本的分解须以跨学科的团队协同工作，分解过程最好是可视化的。

二、目标成本分解的整体思路

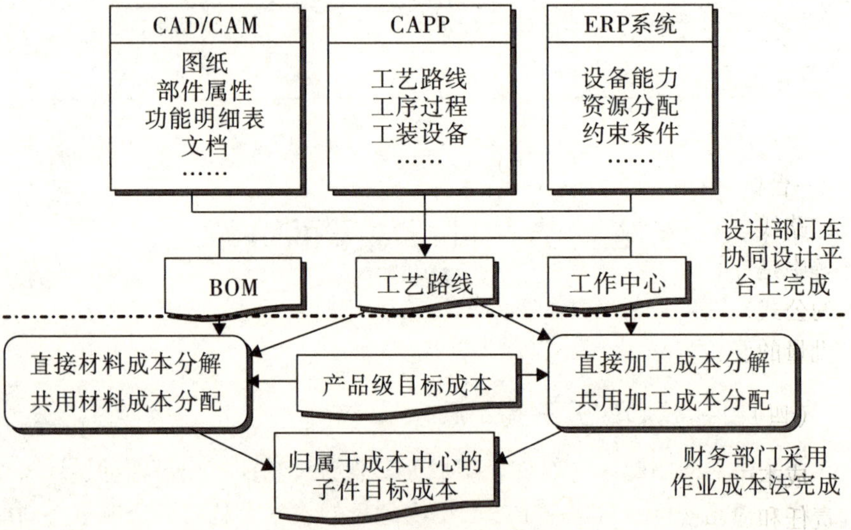

图4-4 目标成本分解过程

产品级目标成本确定后，在设计部门根据概念设计确定的方案进行产品详细设计的同时，财务部门需将产品层的目标成本进行分解，建立子件目标成本。这也是一个协同工作的过程，财务部需应用设计部门提供的BOM、工艺路线、工作中心的信息，采用作业成本法，才能科学地进行目标成本分解，如图4-4所示。具体来说，可从以下四个方面入手：

（一）物料清单

BOM是完整的、正式的、结构化的组成一个产品的部件清单。该清单包含每个部件的物料编号、数量和计量单位。物料清单是MRP的基础，也是自动生产材料成本的关键数据来源，并决定了计算顺序。物料清单可能包括半成品，而半成品本身也有物料清单，如此就构成了多层物料清单。计算机系统首先计算出最低层次物料成本，随后逐步计算上层物料，这一过程被称为成本上卷（Cost Rollup）。BOM可由设计部门创建，财务、生产、储运部门共享，具有唯一的BOM编号。

（二）工艺路线

工艺路线描述了生产一种产品所需的每一道工序以及执行这些工序的先后顺序。除此之外，工艺路线还包含了每一道工序应在哪个工作中心被执行，需要哪些材料部件以及其他的一些与计算生产期、产能、生产成本相关的技术信息。对每道工序，还需定义其作业（Activity）数量。

（三）工作中心

工作中心是一种抽象的组织机构，可以灵活地定义为实际的工作中心（如一台机器、一条生产线、一个装配中心、一个生产班组、一个车间），工艺路线中每一个工序都必须在工作中心完成。工作中心在产品目标成本分解中是计算人工成本和制造费用的基础，工作中心定义了与产品成本相关的公式，如机器生产准备时间（Setup）是批次的函数，生产机时或工时是批量的函数等。

（四）成本中心

成本中心是目标成本分解、归集与控制的组织机构，在能明确成本控制责任和成本核算原则的情况下，工作中心与成本中心可以是多对一关系或一对一关系。在成本中心，通过各种BOM中物料成本、工艺路线定义的作业与工作中心定义的公式，汇总即可得到产品各层级的目标成本。

三、目标成本分解的角度与过程

实际操作中，可以从许多角度分解产品的目标成本，如：

（1）客户角度：合同约束讨论→客户调查→综合分析（层次分析法）。

（2）竞争者角度：市场分析→均衡分析→产品标准→产品诊断。

（3）已有产品角度：成本结构→帕累托分析。

（4）技术发展角度：设计方法论→改革方法。

但最常用的目标成本分解，通常是通过功能分析确定产品功能需求，并划分功能模块，通过功能模块确定零部件配置，进而决定零部件目标成本。因此，目标成本的分解是随着功能模块的分解同步进行的。

基本过程：

（1）总目标成本按客户相关的质量与功能分解，或以已知产品的装配件成本结构为参考进行分解，还可按竞争产品组件的估计成本进行分解。这三种成本分解方法有很大的不同，但都提供了初步的方向。

（2）通过设计团队讨论，成本结构可根据技术革新或成本降低潜力进行修改。例如，设计团队可以通过软件升级代替机电改造来提高产品柔性，或者某供应商可提供成本更低的材料。

（3）各方的意见集成新的零部件目标成本结构，并对各方具有约束力，同时，各责任方也得以确定。

Tanaka M. 提出了目标成本控制图的方法，可用于确定成本控制的重点。在目标成本控制图（图 4－5）中，实际成本占总目标成本比重为 x 轴，客户的功能评价系数为 y 轴，可在图上绘出装配件的点。若某装配件的目标成本指数小于 1，则该点高于对角线，表明从客户角度而言价格偏高，具备成本降低的必要性；反之，则该点低于对角线，表明客户愿意承担的成本低于实际成本。

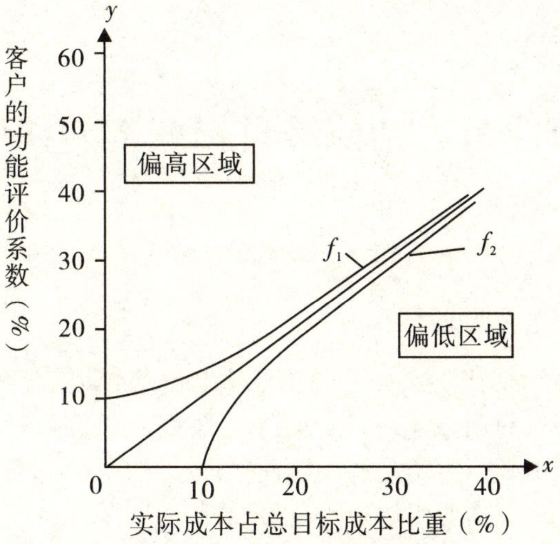

图 4－5　目标成本控制图

在目标成本控制图中，两条有限曲线由以下函数定义：

$f_1 = \sqrt{x^2 - q^2}$（表明渐低的目标成本曲线）

$f_2 = \sqrt{x^2 + q^2}$（表明渐高的目标成本曲线）

x：各部件权重　q：目标成本域的精确度（由高层制定的决策参数）

两个函数体现了成本偏离的平衡。决策参数 q 在每个项目中均需指定。引入函数后的目标成本控制图表明：对于占目标总成本比重越低的装配件，允许越大的实际成本与客户重要性权重的偏离。然而若考虑误差修正曲线，目标成本控制图将更为精密。

第四节　功能级目标成本的评价

一、功能模块的划分

各个层次的产品设计活动自始至终对产品成本具有影响，尤其是功能模块的划分将涉及材料成本、装配成本、维修成本等各种产品成本项目，因此，产品设计中必须对划分的功能模块进行成本分析，才能保证设计阶段的成本控制实现。功能模块划分步骤如下：

（一）客户需求整理

客户需求整理主要包括将收集到的需求按质变需求与量变需求分别整理，可将零乱的需求整理成设计要求表（如质量屋等）。质变需求可被纳入产品功能分析中，量变需求则主要用于构造零部件的需求相关矩阵。

（二）功能分析

功能是技术系统或产品所能完成的任务的抽象描述，是各种产品所具有的特定用途与各种特性。首先确定系统的总功能，然后通过功能分析，将总功能分解成一系列基本功能单元，最后按各功能单元间的相关程度重新将其聚成模块，形成功能结构。对改型与例行设计而言，可以通过产品结构分解，从而解得功能结构；对原型设计而言，需创建功能结构。这一步的重点问题是确定产品功能的分解程度。由于模块是完成某一或某些子功能的标准结构单元，产品总体功能的抽象模式及总体功能分解方案将直接影响到模块的划分。

（三）构造相关矩阵，进行功能建模与模块划分

这是关键的步骤，首先参考功能分析得到产品功能结构与产品装配结构，构造零部件功能子相关矩阵，以量化零部件的功能相关程度。其次，根据各子相关矩阵生成零部件相关矩阵。最后，基于客户需求及功能、几何、物理等相关准则，采用模糊聚类等方法得出不同模块划分方案。该步

骤是一个复杂的、影响因素众多的、多目标的综合优化过程，难以建立统一的数学模型，只能根据一些定性的指导原则或经验规律进行，人为因素较多。

(四) 评价与再设计

模块划分粒度越细，模块越多，灵活性越大，有利于客户参与产品定制设计，但会使接口增多，装配时间长，精度下降；模块划分粒度粗则反之。因此，必须对不同的模块划分方案进行评价，对不满意的方案需重新进行设计，尤其要考虑装配、成本、维修问题。

二、设计中成本目标与功能目标的冲突与评价

(一) 成本控制目标与功能模块划分目标的冲突性具有普遍性

实现每一部分的功能，都将花费成本，客户通常需要功能更齐全的产品，但功能越多，成本越高。不必要的功能常导致设计失败，在现实中不必要的功能经常存在，主要表现为：①原型设计时，对客户的需求了解不充分，不能按客户要求的功能设计产品，附加了不必要的功能，但并不能为目标市场客户创造价值，致使成本上升。②改型设计时，不做产品功能检查，不能及时去除过剩的功能。③目标市场客户出现新需求时，改型设计不彻底，功能有富余。因此，必须在设计阶段对划分的功能模块进行成本评价。

在没有成本有效控制时，成本总是趋于增长；在实施成本控制时，又容易产生功能的目标冲突。当前大部分设计更关注功能上的目标实现问题，将成本目标放到次要的位置。相对产品的功能而言，在产品开发的原型设计阶段，功能上的目标是显性的，而成本上的目标却是隐性的，成本目标在改型设计阶段才趋于明显化。

(二) 不同的成本目标与功能模块划分有矛盾关系

成本目标内部各项目之间对功能模块的影响是不同的，甚至是完全矛盾的。如从材料成本与维修成本方面考虑，应尽量将成本及附加值高的或易损坏的零部件分离，这样仅需对一个功能模块进行系列化设计就可形成系列产品，维修上也只需更换相应模块而非整体。因此，总体倾向于模块细分。但这恰恰与装配成本矛盾，因为划分越细的模块，其工艺精度越

低，装配成本越高。因此，功能模块划分时使全部项目成本最低是不现实的，只能求得相对最优解。

（三）利用价值工程对功能模块进行评价

价值工程的两个核心内容是产品功能分析和产品成本分析。产品功能分析的作用是保证必要的产品功能，取消不必要或过剩的产品功能；产品成本分析是以满足产品必需功能为基础，研究产品功能与成本的最优化结合，寻找成本降低的途径。在进行产品功能分析和产品成本的价值评价时，可采用计算产品中各零部件的价值系数的方法。

价值系数 = 功能评价系数/成本系数

价值系数等于或接近于 1 的零部件，说明其功能与成本比最佳。

若价值系数大于 1，说明该零部件相对于功能重要性而言成本偏低，可考虑选择更好的材料或采用更高精度的加工，以强化功能。

若价值系数小于 1，说明该零部件相对于功能重要性而言成本偏高，是成本降低的重点，可考虑采用较低质材料或减少精密加工等多种方式降低成本。

若价值系数接近于零，说明该零部件也许无存在的必要，因为其功能效用为零，可被替代。

三、功能级目标成本评价

我们选取 DEA（Data Envelopment Analysis）法对功能模块划分进行成本评价。DEA 法又称数据包络分析法，具有黑箱研究方法特色，其以相对效率为基础，以多指标投入和多指标产出的权系数为决策变量，在最优化的意义上进行评价，避免了在统计平均意义上确定指标权系数，具有内在客观性。具体步骤如下：

（一）定义相关指标矩阵

根据 DEA 法，我们首先定义相关指标矩阵：

（1）决策单元（DMU）设计。以功能模块为 DEA 分析中的 DMU，设产品设计有 n 个柔性功能模块。

（2）投入域设计。以具有相应功能产品设计的成本项目（如材料成本、装配成本、维修成本等）为投入域，设有 m 个成本项目，则投入域以向量 X_j 表示：$X_j = (x_{1j}, x_{2j}, \cdots, x_{mj})^T$，$j = 1, 2, \cdots, n$。其中，$x_{ij} \geqslant 0$ 表示第 j 个功能的第 i 个成本项目的值，在评价模型中是已知数据，可根据历史资料、统计数据、工程测算等方法得到，$i = 1, 2, \cdots, m$。

（3）投入域权系数向量 $V = (v_1, v_2, \cdots, v_m)^T$。其中 $v_i \geqslant 0$ 在评价模型中是变权数，需经过建模计算得到。它表示第 i 个成本项目的权系数，$i = 1, 2, \cdots, m$。

（4）产出域设计。以具有相应功能产品设计的期望收益指标（如销售收入、市场占有率等）为产出域，设有 p 个期望收益指标，则产出域以向量 Y_j 表示：$Y_j = (y_{1j}, y_{2j}, \cdots, y_{pj})^T$，$j = 1, 2, \cdots, n$。其中，$y_{rj} \geqslant 0$ 表示第 j 个功能的第 r 个期望收益指标值，在评价模型中是已知数据，可根据历史资料、统计数据、工程测算等方法得到，$r = 1, 2, \cdots, p$。

（5）产出域权系数向量 $U = (u_1, u_2, \cdots, u_p)^T$。其中 $u_r \geqslant 0$ 在评价模型中是变权数，需经过建模计算得到。它表示第 r 个期望指标的权系数，$r = 1, 2, \cdots, p$。

（二）构建 C^2R 模型

在上述矩阵基础上，定义第 j 个功能的效率评价指标为公式 4－3，即加权期望收益指标之和除以加权成本之和：

$$h_j = \frac{\sum_{r=1}^{p} u_r y_{rj}}{\sum_{i=1}^{m} v_i x_{ij}} > 0, \quad j = 1, 2, \cdots, n \qquad \text{公式 4-3}$$

现在，建立评价第 j_{0w} 个功能的有效性的 C^2R 模型。设第 j_{0w} 个功能模块的投入向量和产出向量分别为：

$$X_0 = (x_{1j_0}, x_{2j_0}, \cdots, x_{mj_0})^T \quad Y_0 = (y_{1j_0}, y_{2j_0}, \cdots, y_{pj_0})^T$$

效率评价指标 h_0 在 $h_j \leqslant 1$，$j = 1, 2, \cdots, n$ 约束条件下，选择一组最优权系数 U 与 V，使 h_0 达到最大值，构造最优化模型，如公式 4－4 所示：

$$\begin{cases} \max h_0 = \dfrac{\sum_{r=1}^{p} u_r y_{rj_0}}{\sum_{i=1}^{m} v_i x_{ij_0}} \\ s.t. \quad U \geqslant 0, V \geqslant 0 \\ \dfrac{\sum_{r=1}^{p} u_r y_{rj}}{\sum_{i=1}^{m} v_i x_{ij}} \leqslant 1, (j = 1, 2, \cdots, n) \end{cases} \qquad \text{公式 } 4-4$$

（三）计算及评价改进

用 C^2R 模型评价第 j_{0w} 个功能的有效性。通过变换，利用线性规划的对偶定理和紧松定理等，最终可得到公式4－5。

$$(D_\varepsilon) \begin{cases} \min V_{D_\varepsilon} = [\theta - \varepsilon (\hat{e} \cdot s^- + e^T \cdot s^+)] \\ s.t. \sum_{i=1}^{n} X_j \lambda_j + S^- = \theta X_0 \\ \sum_{j=1}^{m} Y_j \lambda_j - S^+ = Y_0 \\ \lambda_j \geqslant 0, (1 \leqslant j \leqslant n), S^-, S^+ \geqslant 0 \end{cases} \qquad \text{公式 } 4-5$$

利用带有 ε 的模型公式4－5（D_ε），按如下定理可确定新设计功能的DEA有效性。

设 ε 为非阿基米德无穷小量，线性规划（D_ε）的最优解为 λ^0，s^{0-}，0，s^{0+}。若 $\theta^0=1$，则功能 j_0 为弱DEA有效；若 $\theta^0=1$，且 $s^{0-}=0$，$s^{0+}=0$，则功能 j_0 为DEA有效。

利用公式4－5计算（D_ε），经过一次计算就能判定功能（决策单元）DEA有效。在实际操作中，只要取 ε 足够小，例如取 $\varepsilon=10^{-6}$，利用单纯形法求（D_ε）通常可利用线性规划软件（如QSB、Lindo等）或专门的DEA软件，在计算机上实现操作。

评价系统并非所有的功能模块（DEU）都是有效的，经过判定后，应对一些非 DEA 有效的功能模块进行分析，指出造成非有效的原因，并据此改进为具有 DEA 有效的功能模块。为此，可计算需讨论的决策单元在相对有效面上的投影。

令 $\widehat{X}_0 = \theta^0 X_0 - s^{0-}$，$\widehat{Y}_0 = Y_0 + s^{0+}$，设 $(\widehat{X}_0, \widehat{Y}_0)$ 为功能 j_0 对应的 (X_0, Y_0) 的投影，可以证明新功能模块 $(\widehat{X}_0, \widehat{Y}_0)$ 相对于原来的 n 个功能模块而言，DEA 是有效的。这就给出了一个改进非 DEA 有效的功能模块的方法，即计算出来的 $(\widehat{X}_0, \widehat{Y}_0)$ 即 DEA 有效的功能模块的成本效益比例。决策者可根据相应的比例调整成本投入（如更换材料以降低材料成本等手段），或降低目标期望（如降低销售收入指标），再经过反复 DEA 评价，最后得出全部 DEA 有效的功能模块划分模型。

本章小结

产品成本设计过程中，各功能小组在并行工程环境中协同工作，实现产品设计与成本控制之间的协调同步和动态反馈机制，将财务管理思想与工程设计知识结为一体。而科学确定与动态市场相适应并满足约束条件的目标成本是其核心内容。

传统的目标成本倒算法充分传递了来自市场的竞争压力。本书提出的汇总法，是在分析产品成本层次与成本动因的基础上，先确定成本要素再求和，这种方法更有利于管理与核算。在采用多种方法提出了多种目标成本方案后，管理层可根据决策偏好与管理需要，采用 AHP 法或其他方法进行评价与选择。确定的目标成本将对成本分析与工程设计起指导作用。

产品设计人员在进行模块划分时，必然会考虑功能性目标。但功能性目标、品质性目标、知识性目标、设计过程目标、成本目标等各种目标既相互共享也存在冲突，尤其是功能性目标、品质性目标与成本目标控制方面存在着必然矛盾。如何在满足既定目标次序的基础上，对产品设计的功能目标进行成本评价与控制，也是产品设计成功的关键。采用 DEA 法对功能模块划分进行成本评价，可以客观评价功能模块的产出效益与成本项目投入的相对关系，且投影 DEU 可提供改进的手段，为解决功能目标与成本目标的冲突提供了可行的解决方案。

第五章

影响成本的关键因素及控制规则研究

第四章论述了如何从产品级目标成本分解至功能级目标成本，目标成本一旦确定，就需要分析影响产品的各成本因素与流程，在目标成本的允许范围内，寻找成本降低的重点，为后续成本控制知识管理制定好知识规则。

影响成本的因素非常多，管理会计多按成本与产量的关系划分为固定成本与变动成本来分析生产阶段的成本，对全生命周期的前端——准备成本较少提及。由于产量、体积、尺寸、材料四个因素之间的关系密切，故本章从全生命周期成本的角度，将这四个因素作为一个整体进行分析，涉及材料成本与准备成本两大成本项目；并建立一个量化的模型，从原型产品的原有成本结构推导出改型产品的新的成本结构，以利于寻找成本降低的重点及控制规则。

加工成本是除材料成本与准备成本外的另一重要的成本项目。影响加工成本的主要因素是生产工艺设计与装配设计。不同产品的工艺不同，其成本控制重点也不同，没有一个统一的标准。本章以一种典型的工艺为例，由点及面地进行成本分析并提出设计规则。装配作为影响加工成本的重要流程，一方面同样需进行成本分析并得出设计规则；另一方面，由于是后端流程，在技术上改良措施空间有一定限制时，也可以考虑采用一些管理层面的措施进行成本控制。

第一节　成本影响因素分析及控制规则

如图5－1所示，影响成本的因素有很多，一个公司里几乎所有的部门都会对成本有影响。本节仅针对其中一些最基本的影响因素展开详细讨论。

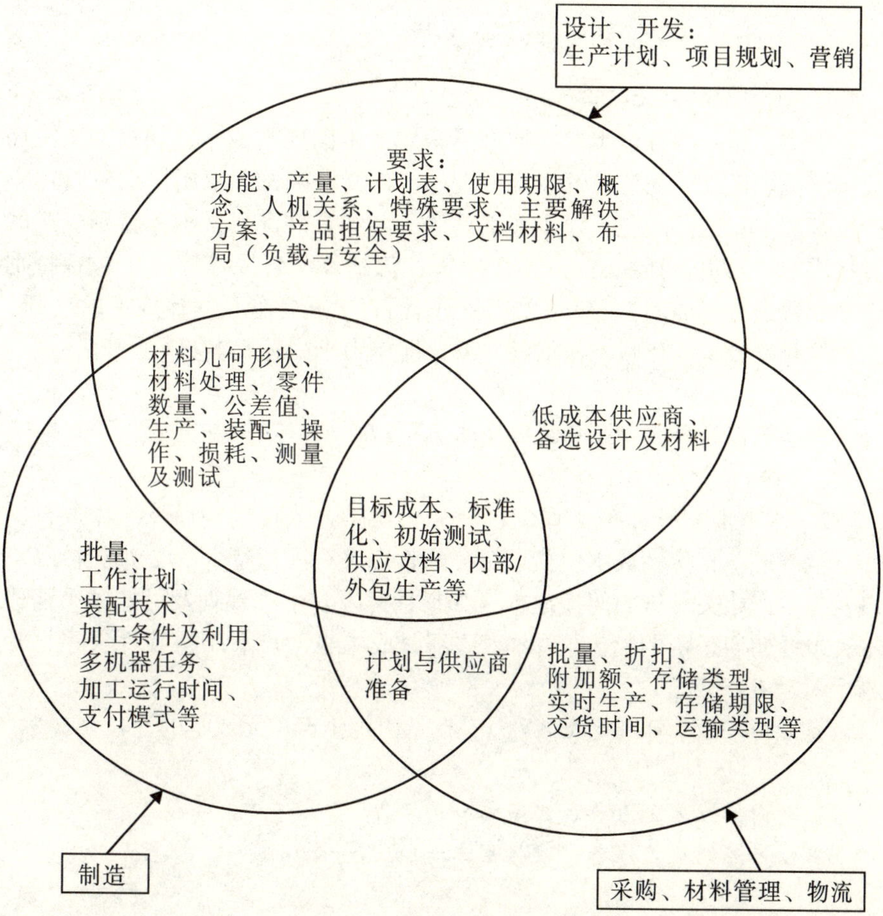

图5-1　影响成本的因素

一、产量的影响分析

众所周知，大量生产可以降低成本。目前的成本核算通常考虑如何在生产过程中降低固定成本，下面从产品全生命周期的角度进行分析，通过设计适当的生产流程或内部标准化实现较大的产量，从而降低成本。

（一）与产量有关的成本项目分析

1. 生产初始一次性成本 IC

生产初始一次性成本包括新产品开发产生的所有成本，如规划、市场分析、概念设计、初步设计及细节设计、计算、测试、原始模型及具体生产投资成本。这些还包括模型及工具成本（如果装配不被纳入特别生产的直接成本，则也包括在内）、初次销售、营销及广告成本等（不包括特别销售和营销直接成本）。对总的产量 N_{tot} 而言，通常包括间接成本的（新）产品的开发成本与产量不呈线性关系，即相当于固定成本。

单位产品的开发初始一次性成本 $ICp = IC/N_{tot}$

2. 生产准备一次性成本 C_{one}

生产准备一次性成本包括可区分的直接成本（批量生产准备成本 *PCs*）以及与生产相关领域的间接成本（如设计开发、生产规划及可能的采购成本，包括初期采购的物流成本）。这部分成本也与产量不呈线性关系，相当于固定成本。

设批内产量为 N（$\sum N = N_{tot}$），批量内每生产单元成本的计算公式为：

批量内单位生产准备加工成本 $= PCs/N$

单位产品的生产准备一次性成本 $= C_{one}/N$

现在通用的会计处理方法仍然是将产品开发初始成本（*IC* = 营销、项目规划、设计开发、生产规划及材料管理）一次性全部纳入间接成本（如管理费用）或计入无形资产按期摊入间接成本计算。这样一来，所有的产品，不管产量多少，受到的影响都是一样的。只有模型成本、夹具成本、固定装置成本及特殊生产材料成本（特殊生产直接成本，*SPDCs*）才被单独考虑是与产量有关的。加工成本的减少目前主要是由于间接成本的减少，仅当考虑准备成本（*PCs*）时，才会覆盖批量产量 *N*。从这一方面来说，间接成本中，随着产量的增加，实际减少的成本要比一般计算出来的数值大得多。

（二）产量的成本控制规则

产量增加使成本减少，具体控制规则及措施如下：

1. 通过分摊一次成本降低成本

假设加工成本仅来自生产准备成本（$C_{one}=PCs$），则批量内单位产品生产成本计算公式如公式 5－1 所示：

$$MC_N=\frac{PCs}{N}+PCe+MtC \quad \text{公式 5－1}$$

MC_N：单位制造成本　　PCs：批量生产准备成本

PCe：单位加工成本　　MtC：单位材料成本　　N：批内产量

公式 5－1 中，单位材料成本 MtC 与单位加工成本 PCe 是变动成本，其金额不随产量的增加而变化，但单位产品分摊生产准备成本 PCs/N 却随产量的增加而下降。因此可以得出结论：产量成本的减少程度取决于单件产品成本结构。准备成本所占比例越高，则随批内产量增长，成本下降幅度越大。

2. 通过学习曲线效应降低成本

学习曲线效应或经验曲线效应表示了经验与效率之间的关系。当个体或组织在一项任务中获得更多的经验时，则效率更高，越是经常执行的任务，代价越小。数量每翻一番，代价值下降一个常量百分比。这一点可以用来解释所有的活动——设计、销售以及订购，准备工作时间表，装配零件或打包零件。文献表明，同一行为重复第十次时，完成时间约是第一次完成时间的 60%。然而，现行的成本估算方法很少涉及这一点。经验表明，原型成本往往比第一次估计的成本要高得多，然而，流水线生产开始后，实际成本会低于估算成本。这正是因为随着产量的增加，学习曲线效应可以减少每件产品（或每个生产过程）的生产时间，从而达到降低成本的目的。

3. 通过优化设计降低成本

就生产成本而言，单件产品的优化设计改进即使再微小，也会由于产量大而使总成本有很大的改变。就开发设计成本而言，越大的产量需要越长的设计时间，优化设计也可以降低开发设计成本。

4. 通过有效的生产流程降低成本

每一个生产流程都有一个最佳产量范围，即达到成本最低的产量值。管理会计中常常将边际利润为零时的产量作为最优产量。有效的生产流程总的一次成本虽然高，但由于产量（除数）大，单位产品分摊的一次准备成本并不高，而且有效生产流程因为科学合理的安排会大大减少生产时间，从而降低加工成本。

5. 通过大批量折扣降低成本

大批量折扣常发生在采购大量原材料及零部件时。产量较大时，相应的原材料与零部件的需求量也较大，这样外购时常常可以争取到更优惠的价格折扣，达到降低成本的目的。

二、产品体积与尺寸的影响分析

和产量一样，产品的体积、尺寸也是产品成本的重要影响因素。工程规则表明尺寸与材料体积具有正相关性。只要不是过于极端，那么缩小尺寸就能降低成本。

（一）与产品体积和尺寸有关的成本项目分析

1. 材料成本

显然作为第一近似值的机器的材料成本（MtC）与材料的体积是成正比的，设线性尺寸比率的三次幂为 $\varphi_L = L_1/L_0$。此处 L_0 是典型的基本成本单元的线性尺寸，而 L_1 则是典型的几何相似零部件的成本单元的线性尺寸；而每单位容积的材料成本是恒定的。因此，对单件材料成本（MtC_1）的评估是基于基本成本单元的材料成本之上的：

$$MtC_1 = MtC_0 \cdot \varphi_L^k \qquad \text{公式 } 5-2$$

德国学者 Ehrlenspiel K. 在对由 16 MnCr 5 制成的齿轮进行成本分析时发现，公式 5－2 中指数 k 的取值为 2.4（Φ 50～200mm）至 3.0（Φ 600～1 500mm）。

2. 单位加工成本

PCe 的增长与精加工及磨削的表面积（φ_L^2）及粗加工的容积（φ_L^3）成正比。我们可以得出：

$$PCe_1 = PCe_0 \cdot \varphi_L^r$$ 公式 5 - 3

根据 Bronner 的研究，公式 5 - 3 中，指数 r 的取值为 1.8（适用于单件生产）至 2.2（适用于大批量生产）。指数为 1.8 适用于在加工棒料车床或普通车床上进行粗加工的单件生产，当有大量的粗加工生产参与时，指数则上升到 2.0 以上。不同的制造程序，指数也不相同。

3. 准备成本

PCs 的确定通常并不像上述材料成本与单位加工成本和尺寸有非常确定的关系，但显然准备成本与工件尺寸成正比，因为机器和固定装置越大，需要的工作准备时间也越多。因此，准备成本的增大取决于所使用的生产设备，不是持续而是逐步的。

$$PCs_1 = PCs_0 \cdot \varphi_L^t$$ 公式 5 - 4

德国学者 Ehrlenspiel K. 在对由 16 MnCr 5 制成的齿轮进行成本分析时发现，对于齿轮而言，指数 t 随着尺寸增大而增加。直径为 50 ~ 200mm 的齿轮，指数为 0.14；直径为 200 ~ 1 000mm 的齿轮，指数为 0.56；直径为 1 000 ~ 1 500mm 的齿轮，指数高达 1.8。

（二）体积和尺寸的成本控制规则

对于单件/成批生产的大零件或成批生产的小零件而言，体积、尺寸的减小可降低制造成本。因为成批生产的小零件的成本结构与单件生产的大零件的成本结构是相类似的，材料成本占主导地位，随 φ_L^3 增长而增长（即与容积/重量成正比）。所以成本控制的重点在于设计小容积/重量的零件以降低材料成本。

对单件生产的小零件而言，准备成本占主导地位，所以成本控制的重点在于通过扩大产量等方式减少准备成本，或合理设计加工流程以减小加工成本。而由于材料成本所占比重较小，所以材料成本不是成本控制的重点。

三、尺寸与产量的综合影响分析

正如前节所述，尺寸对以下三种成本均有不同程度的影响：准备成本 *PCs*、加工成本 *PCe* 以及材料成本 *MtC*。批内产量 N 对每批的准备成本影响尤为巨大，因此在单件生产和限量生产中尺寸与产量这两个因素的联系十分密切。

（一）综合影响公式推导

现在我们将公式5－2、5－3、5－4代入公式5－1，可得到单件生产和批量生产中批量为N的i尺寸的单件制造成本，如公式5－5所示：

$$MC_{iN}=\frac{PCs_{01}}{N}\cdot\varphi_L^t+PCe_{01}\cdot\varphi_L^r+MtC_{01}\cdot\varphi_L^k \quad \text{公式5－5}$$

此处假设生产程序不变（传统机械加工程序）以及一次成本C_{one}仅包括准备时间成本PCs。

实际上产量对成本也有很大的影响，因为加工成本以及材料成本都随着产量（经验曲线，有效的生产流程）的增加而减少，但这部分影响不呈线性关系，也很难找到规律函数，故暂不考虑这部分影响。

我们将基本成本单元的单件生产的制造成本MC_{01}从公式5－5中抽出，那么括号内保留的（小写字母）仅为成本要素，则其成本结构为：

$$MC_{iN}=MC_{01}\left(\frac{pcs_{01}}{N}\cdot\varphi_L^t+pce_0\cdot\varphi_L^r+mtc_0\cdot\varphi_L^k\right) \quad \text{公式5－6}$$

因此，计算的起点是基本成本单元的单件生产成本结构和单件生产（$N=1$）中该尺寸制造成本MC_{01}的绝对值。

由此可看出，新的制造成本MC_{iN}可被纳入基本成本单元的一个具体范围计算，而且不会有太大的批量变异。由于成本结构是一种能辨认出成本降低焦点的明显的方法，因此新的成本结构非常重要。我们将公式5－6中括号内的表达式理解为成本结构W，则

$$\frac{1}{W}\left(\frac{pcs_{01}}{N}\cdot\varphi_L^t+pce_0\cdot\varphi_L^r+mtc_0\cdot\varphi_L^k\right)=pcs_{iN}+pce_i+mtc_i=1$$

公式5－7

其中，$pcs_{iN}+pce_i+mtc_i=1$，表示三种新的成本项目（准备成本、总加工成本、材料成本）的权重之和为1。

注意：在本书中，大写字母（MC，MtC，PCs，PCe）被用作绝对数量，而小写字母（mc，mtc，pcs，pce）则表示各成本项目的结构比率。

（二）计算案例

表5－1是一个双齿轮联轴器根据标准组件进行改型设计的例子。

表5－1　双齿轮联轴器根据标准组件进行改型设计的例子

技术及成本数据①
技术数据：
节圆直径 $d_0 = 100\text{mm}$
重量 $m_0 = 10\text{kg}$
材料：16 MnCr 5
表面硬化及磨损
13 道生产程序
幂指数：$t = 0.5$，$r = 2$，$k = 3$
成本结构（单件生产）：
准备时间加工成本 pcs_{01} 占 50%
单位加工成本 pce_0 占 40%
材料及加热处理成本 mtc_0 占 10%
成本：
单件生产制造成本 $MC_{01} = 1\ 700$，
成本结构 $pcs_{01} + pce_0 + mtc_0 = 1 = 0.5 + 0.4 + 0.1$
计算过程：针对节圆直径 $d_1 = 500\text{mm}$ 及数量 $N = 1$ 的改型设计
线性尺寸比率为：$\varphi_L = \frac{d_1}{d_0} = \frac{500\text{mm}}{100\text{mm}} = 5$
因此，新的重量为：$m_1 = m_0.\ \varphi^3 = 10\text{kg} \cdot 125 = 1\ 250\text{kg}$
批量 $N=1$ 的 W 为：$W = \frac{0.5}{1} \cdot 5^{0.5} + 0.4 \cdot 5^2 + 0.1 \cdot 5^3 = 1.12 + 10 + 12.5 = 23.62$
根据公式5－6，新的制造成本为：$MC_{11} = MC_{01} \cdot W = 1\ 700 \cdot 23.62 = 40\ 154$
根据公式5－7，新的成本结构为：$1 = \frac{1.12 + 10 + 12.5}{23.62} = 5\% + 42\% + 53\%$

① 数据来自东莞骏中机电设备有限公司。

（续上表）

结论：双齿轮联轴器部件的制造成本由以下三部分构成：准备时间成本占5%；单位加工成本占42%；而材料及与重量成正比的加热处理成本（硬化）占53%，是成本控制的重点。

（三）尺寸与产量综合的成本控制规则

从上述例子可得出下列适用于类似零件及类似类型生产的低成本设计规则：

1. 超大零件及产品的材料及热处理成本占主导的成本控制规则

这类零件的材料成本及与重量成正比的热处理成本所占比重非常大。这是由于它们的增长与 φ_L^3 成正比。单位加工成本的占比排第二。准备时间的加工成本几乎是可以忽略不计的。产量对成本的影响很小，数量的递增并不会造成制造成本的明显减少。

成本控制的重点主要在减少材料及使用低成本材料方面，或尝试其他更加易于处理的材料。加工成本可通过简化生产程序及使用更有效的生产方法进行控制。如果生产程序不变以及没有任何新的初始成本 *IC* 的增长，那么这些零件的产量不会对成本产生任何影响。

2. 小零件及产品在尺寸范围及模式系统内单件少量生产的成本控制规则

与大零件相反，小零件的材料成本所占比例是微乎其微的，加工成本所占比例也非常小；相反，准备时间的加工成本占主导地位。而随着数量的增加，成本的递减也十分明显。

成本控制规则：一方面可以增加产量，另一方面使用同样的或类似的零件、零件系、尺寸范围及成分系统设计，可以有效地减少准备成本。或者采用整体设计之类的加工方法减少生产步骤，从而减少准备成本。一般而言，不建议在小零件单件生产中节省材料成本。

3. 大规模生产中，小中型零件及产品的成本控制规则

这种成本结构与大零件的成本结构类似。单位材料及加工成本占主导地位。单件的准备时间的加工成本所占比例小。如何使材料成本随着产量的增加而在成本结构中的比重变大，是成本控制的重点。

四、材料的影响分析

（一）与材料有关的成本项目分析

很明显，与材料有关的主要是材料成本，直接材料成本在管理上属于变动成本、可控成本。考虑产品全生命周期时，尚需考虑材料处理成本等间接材料成本。

$$MtC = C_V \cdot V + MtOC \quad \text{公式 5-8}$$

MtC：单位材料成本　C_V：每单位体积材料成本

V：产品体积　$MtOC$：间接材料成本

在机械工业中，材料成本在全部成本中所占比重较大。据统计，包括采购零件成本约占总成本的43%，尤其是单件生产的大机械的材料成本（原材料）占总成本的50%～70%，材料成本是劳动力成本的4倍。材料成本的控制是整个产品设计中最直接以及最重要的部分之一，加上公司在短期内减少劳动力成本会受到诸多社会福利等相关法律的约束，因此，材料成本实际上是设计师唯一能控制的可变成本。由于材料成本的重要性，且采购与物流、生产规划与设计之间的联系密切，因此需采取各种可使生产合理化的措施以进行成本控制。可采用较好的生产工艺流程缩短生产时间、减少材料损耗。如果零件是外部采购获得，增大产量可以获得较大的采购折扣，从而很有可能降低成本。

（二）材料的低成本设计规则

原材料成本主要根据材料总体积 V 及每单位体积的材料成本 C_V 计算。这不仅仅是使用最低单位体积成本材料 C_V 的问题。由于昂贵的、高强度的材料能减少体积，因此材料价格虽高，但总材料成本 $C_V \cdot V$ 可能会减少。一般而言，每单位强度的材料成本是决定性因素。我们分析不同钢的值 C_V/S_u [¥$/\mathrm{m}^3 \cdot \mathrm{m}^2/N$]，发现在某种程度上，普通强度的钢比低强度的钢更经济。螺钉连接的情况也是一样的，一般情况下，高强度的螺钉比低强度的螺钉更经济。

当然，这仅在有限的范围内有效，因为强度值和成本都有很大的变异性。如果有进一步的要求如韧性足（通常低强度钢的韧性更高），耐磨性强，可加工性或焊接性好，或者如果负载类型改变，上述原则就不能一概而论。

如果强度仅影响组件范围内其中一项，那么由体积决定的材料成本 C_V 就十分重要。这一点在组件应力很小但仅被用作隔板（嵌板、面层、衬套），或由于组件变形小仅选择低负载时尤为明显。材料成本控制规则如表 5－2 所示：

表 5－2　材料成本控制规则

材料成本控制规则		说明
减少体积 V	小型设计	小型设计指的是减小产品尺寸，一般通过改变产品概念设计达成。具体方法如：活动表面的并联装置（电路）导致电力流入不同电路，导致尺寸减小；超载限制确保整个装置仅需要为规定的产量设计，而不需要考虑发生概率较小的峰值；转动式能量转换机械增加转速；使用高强度材料降低材料成本，尤其是轴向（拉力/压缩）负载；争取用轴向负载取代弯曲负载或扭力负载，使整个容积的材料均匀受力等等
	轻量设计	轻量设计不仅指使用更轻的材料，还指对高强度材料的有效利用。重量减少并不总是等同于成本减少。对那些不直接使用容积的产品而言，仅通过减轻总量确实可以节约成本，但其他成本如开发、计算及测试，以及更高的生产投入又会超过材料成本中节省的开支额，因此各组件成本再次变得很高。所以轻量设计应考虑减少生命周期成本而不仅仅是节省制造成本
	精益设计	精益设计意味着仅节省材料容积但不改变构造单元或材料类型。对于大机械或者大产量，以及当材料的每单元容积的价格较高时（如各种抗热、抗腐蚀或铜合金），可以选择精益设计。有效的生产工艺设计也可减少材料体积，如从铸造到锻造，可降低铸壁厚度，重量减少一半是很常见的；容器的加工方式由加工锻件变成了深冲压，避免焊接中的材料剩余，从而降低材料消耗及成本
	减少使用重量及损耗	减少使用重量及损耗自然会减少材料成本，具体的方法有：选择近净成形生产工艺如铸造、锻造、烧结等；精确的铸造如在铸造中提供更好的型芯撑避免偏芯，这样会减少日后的加工成本，通常也会避免产生气孔及由此产生不良品；避免使用实心体加工零件，而使用锻造或铸造的半成品零件；利用 CAD 轻微改变冲压件形状以节省成本；把整合设计分成两个或更多部分设计（差异设计），尽管有额外的程序、接口及组装费用，但组件仍更为经济

（续上表）

<table>
<tr><th colspan="2">材料成本控制规则</th><th>说明</th></tr>
<tr><td rowspan="2">减少单位体积材料成本 C_V</td><td>使用低 C_V 值的低成本材料</td><td>使用大量生产的材料比使用稀有材料更经济。另外，为了避免高额的采购及仓储成本，材料类型应限制为公司标准里的普通材料。企业内部应制定相应的成本表并经常更新。不需要计算出以￥/cm^3为单位的 C_V 的精确数值，但必须有常用材料之间及材料系之间的大致比率。
对外购半成品或材料而言，接近最平常尺寸的特定尺寸的价格最低。这是由尺寸附加费造成的。每一种截面和侧面（例如圆钢、扁钢和U形）都有最低价格，这取决于材料，最受欢迎的尺寸也有可能存在最低价格。小尺寸材料成本高是因为要保持紧密度容限，而大尺寸材料则是定制项目或是由于不频繁生产而需要支付更高的储存成本而造成高成本。
在选择材料时，不仅要考虑每单元容量的低成本，还要考虑它的机械（切削）加工性、可焊性及可成形性。一般而言，材料轻度越低，越容易加工，这一点在大部件及大产量的生产上显得尤为重要</td></tr>
<tr><td>使用能被表面处理的材料</td><td>机械主要是因为磨损以及腐蚀而导致功能丧失。抗磨损或抗腐蚀材料的价格通常昂贵，可通过功能分离，仅对表面进行抗磨损或抗腐蚀保护处理来进行成本控制。具体用于防备常规的表面磨损/软化、孔蚀、腐蚀的保护方法有：金属沉积、火焰淬火、硬钢电镀或者用橡胶之类的防护材料覆盖等；对于防护连续的腐蚀、裂缝、接点、表面振动裂缝及压力裂缝腐蚀，可使用适当的材料（如通过使用不锈钢、铝合金、低碳钢和聚集物）增加强度</td></tr>
<tr><td>减少间接成本</td><td>使用标准或减少材料处理成本</td><td>减少产品中使用的零件或原料种类，尽量形成零件族与零件系，建立零件标准化，便于零件的再利用。需回收材料制造的零件应设计成可以快速明确地被区分和拆卸（没有固定不变的连接件、薄板和表面沉积等）。对于重复使用会出现问题的材料，应避免使用，或者设计时使这些材料易分离（例如不要将铁和铜合用）。对于不可避免的危险或有害材料，需提供材料说明，设计时也要考虑这些材料的易清除性。对于有价值且可重复使用的元件（例如电动摩托、感应器等）或材料，需采用可快速拆卸的设计</td></tr>
</table>

第二节 加工成本分析及低成本设计规则

在机械工业中，加工成本所占比例较大，约占总成本的28%，仅次于材料成本。因此，对零件生产工艺流程的选择或者它们的装配顺序以及装配方法对加工成本有很大的影响。对生产工艺流程的选择决定了零件用什么材料制作以及制作的尺寸大小，主要因素有：简单/复杂，超精确/普通，表面光滑/平滑/粗糙，装配零件/整体性设计。生产工艺和装配流程的设计思路如图5－2所示：

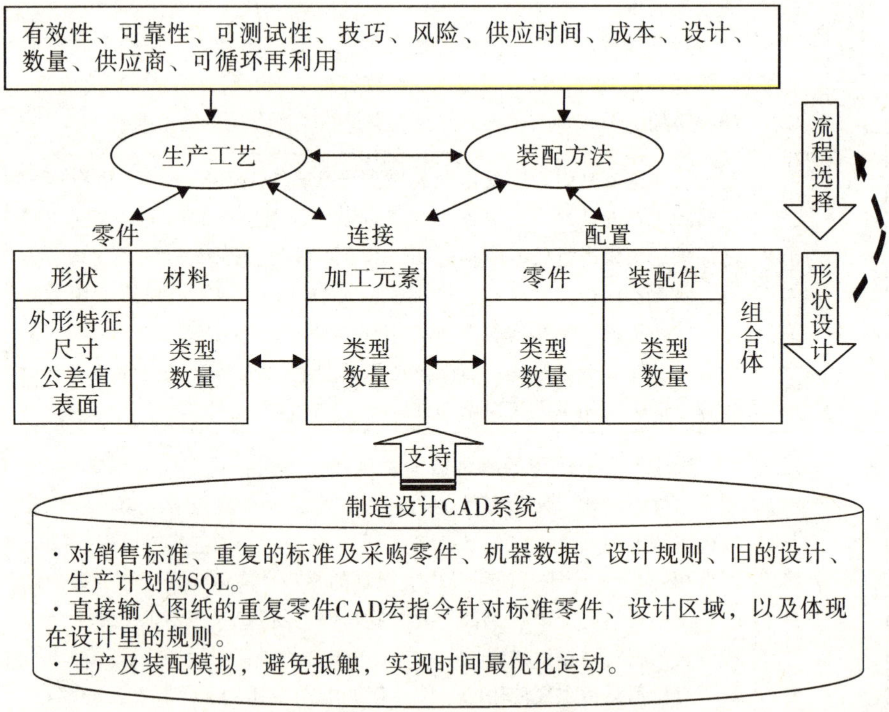

图5－2 生产工艺和装配流程的设计思路

生产工艺与装配的设计需采用并行工程的方法，小组中各产品开发、生产、装配、质量保证、采购及成本控制人员，从概要到细节决策的不同阶段都必须通力合作。只有确定了关于材料、生产、装配、紧固件的所有细节后，才能针对生产、装配以及成本开始设计。即首先选择零件生产及装配的流程，然后基于生产和装配的形状进行设计。当然，设计过程中需多次重复这两个步骤。

一、工艺设计的成本相关要素

进行生产工艺流程设计时与成本关系密切的三个要素如下：

（一）生产工艺流程

机械生产工艺流程非常多，如典型的成型工艺流程（铸造、烧结等）、变形工艺流程（冲压、液压成型等）、分离工艺流程（电解、燃烧等）、连接工艺流程（浇铸、焊接等）、属性改变工艺流程（退火、硬化等）、涂层工艺流程（电镀等）等。

此外，还有高尺寸精度的流程［机加工流程、熔模（失蜡）铸造或精密锻造等］、大产量流程（金属型铸造、压铸、压制、深挖、拉削等）、具体材料流程（烧结、喷射铸造等）。

详细设计中的形状设计十分依赖于已选择的生产工艺流程的类型，因为每一个生产工艺流程（及产量的范围）最低成本的形状设计都是不同的。

（二）加工成本 *PC* 的结构

加工成本是指生产劳动力成本 *PLC*、间接成本 *POC* 以及零件生产和装配的特殊直接加工成本 *SPDC*。

$$PC = PC_{零件} + PC_{装配} = (PLC + POC + SPDC)_{零件} + (PLC + POC + SPDC)_{装配}$$

不同的产品各成本项目之间的比重是不同的。一般而言，初始投资较大的产品（如加工中心以及齿轮切削机）的间接成本比例比劳动力成本的高；而就简单的工作（如单件生产装配）而言，两者的比例大约是一样的。

根据零件尺寸、批量及零件类型，加工成本的控制重点分别分布在总加工时间或准备时间里。首先依据典型零件生产顺序的成本结构辨认出有影响的成本控制重点，然后选择更合适的生产工艺流程或做进一步的设计工作。

（三）经济产量

在选择生产工艺流程时必须考虑经济产量。在产量较小时，我们应选择 C_{one} 较小的工艺流程，因为若生产准备成本高，但产量小，每个产品分摊的生产准备成本就会相当大。但当产量达到一定数量时，就应选择 C_{one} 较大的生产工艺流程，因为大量的产量可以降低单位产品分摊的生产准备成本，使加工成本降低。不同的生产工艺流程有不同的极限值，需根据产量决定采用何种生产工艺。

二、生产工艺的成本分析

机械产品加工工艺有 250 多种，且随着技术处于不断更新改变之中，各种工艺各有特色，其成本控制也各有重点，没有一个统一的标准。下面通过介绍铸造这种最典型的成型工艺来论述如何进行加工工艺成本分析及设计规则制定，这种思路对所有加工工艺都是适用的。

（一）工艺特点分析

铸造是最基本、最重要的成型工艺，铸造生产是将金属加热熔化，使其具有流动性，然后浇入具有一定形状的铸型型腔中，在重力或外力（压力、离心力、电磁力等）的作用下充满型腔，冷却并凝固成铸件的一种金属成型方法。铸造生产是一个复杂的多工序组合的工艺过程，包括以下主要工序：

（1）生产工艺准备。根据生产零件图、生产批量和交货期限，制订生产工艺方案与制作工艺文件，绘制铸造工艺图。

（2）生产准备。包括准备熔化用材料、制芯或造型用材料和模子、芯盒、砂箱等工艺装备。

（3）造型与制芯。

（4）熔化与浇注。

（二）工艺成本影响因素分析

当前铸件厂对铸件的成本核算通常是以重量为基础进行费用分配的，而生产费用的分配尤其是对待分摊和预提费用以及在制品成本的处理还可能需要照顾到各项经济指标的平衡。因此单凭会计人员算出的综合重量成本不能代表铸件的实际成本，也不能准确反映不同铸件因结构和工艺上的差异对成本的影响。铸件定价时往往只能根据每单位重量的平均价格乘以相应的浮动系数来确定。浮动系数通常是参照典型铸件进行对比得出，甚至可能是根据感觉确定，实际上很难准确评估具体铸件的成本高低和盈亏。

我们从产品生命周期成本的角度，结合具体工艺特点，认为一个即用型铸造件单位成本包括以下三项：

（1）单位铸件模型成本。是初始成本 IC 除以总铸件模型数 N_{tot} 得到的单件成本，这部分费用在传统成本核算中很多是全部计入期间成本的。

（2）单位后段成本。是指从一个铸件模型到成品过程间产生的材料费用，这部分费用相当于传统成本核算中的直接材料部分。

（3）单位加工成本。是指单位产品承担的生产加工过程中的人工费用与其他间接费用。

下面分析此三项成本的影响因素：

1. 产量的影响

对于小铸件，在产量 N_{tot} 较小的情况下，后段成本比重较低，故模型成本是成本控制的主要环节。在产量 N_{tot} 较大的情况下，则是加工成本显得重要。因为单件模型成本占比小，而尺寸小使后段材料成本仍然不是太高，故加工成本占很大比重。

对于大铸件，不论产量 N_{tot} 的大小，都是后段成本占主导地位，因此为了保持较低的材料成本，反而可以接受更高的模型成本。

2. 尺寸的影响

尺寸（重量）是影响成本的基本因素。过去，铸件的成本仅以重量为基础进行分摊：重的零件成本高，轻的零件成本低。因此，设计的重点在于重量而不在于其复杂性。

目前，重量对报价的影响仍是最大的，但是鉴于以往类似的零件铸造经验，也考虑零件的复杂性问题。报价随着大量核心工作，大尺寸、小壁厚度的零件或特殊质量要求的增加而增加。此外，相关的批量及材料的选择也会对成本有重要的影响，一般而言，轻量且带高复杂度的铸件设计成本较低。

3. 质量要求的影响

由于存在测试成本和必要的精加工及再加工，因此质量要求也起着主要作用。质量要求越高，相关成本越高。应该避免不必要的精确质量要求。

三、生产工艺的低成本设计规则

设计规则取决于生产操作程序，反过来又决定具体情况中的成本核心控制点。从模板制备到铸造，一直到铸件清理和机械作业，在哪个生产作业驱动，就从类似组件（尺寸和产量也须相似）的成本结构中辨认出可降低成本。低铸造成本的各种形状设计规则如表 5 - 3 所示：

表 5 - 3 低铸造成本的各种形状设计规则

成本控制规则	形状设计规则描述
低模型成本（铸件少，零件少）	·由平面、立方体和圆柱体制成的简单模式（针对小零售件低产量）； ·单件模式，使用肋条而不是空心铸件，模箱少； ·易于从模中拆卸的分模面的拔梢； ·避免凹角，使用嵌入物； ·零件匀称对齐放置以节省安装零件； ·……
低损耗（高质量地铸造）	·稳固放置芯，芯宽标准； ·统一的墙体厚度，无大量材料，无连接件、裂缝、气泡的刀尖圆弧半径； ·铸造中脱气平面不是水平的，而是倾斜的； ·在槽与凸物间无任何压缩； ·转换倾斜度小，不要有尖的锐角； ·……
低清理成本	·避免难接触的拐角，提供空心件的大开口； ·铸造中槽和突起物更多的空间； ·平置槽与突起物，使其更易拆卸； ·钝角溢面便于研磨； ·……
低精加工成本（小零件大产量）	·将分模面按要求放置，从而使溢面不会在未休整后表面突起，且易拆卸； ·记住精加工刀具和切割机的轧辊型缝； ·用铸件将阀认领座和迁夹面铸成一件； ·将同样高度、同样直径的机械加工面放在同一排，便于使用同一刀具进行全部切割； ·……

（续上表）

成本控制规则	形状设计规则描述
通过负载设计降低故障成本	· 针对压缩负载设计（如抗压强度是抗张强度的4倍）； · 对于轻金属，考虑冲击刚度； · 肋条与球状加强筋比中空更经济（但不美观）； · ……

当然，因为存在显著差异，所以形状设计对铸造材料的选择是非常重要的。为控制成本，需建立并行工程团队，从采购、财务、生产、设计各方面使成本最小化。

上面论述的仅仅是成型工艺之一的铸造工艺的形状设计规则，其他的变形工艺流程（冲压、液压成型等）、分离工艺流程（电解、燃烧等）、连接工艺流程（浇铸、焊接等）、属性改变工艺流程（退火、硬化等）、涂层工艺流程（电镀等）等都可以按这样的思路总结出相应的低成本形状设计规则。虽然各种工艺的规则不尽相同，但可以总结出以下在各种工艺设计中均有效的通用的形式规则：

（1）尽可能少的精加工（允许粗糙表面）。

（2）尽可能使用大概的公差值。

（3）工作面之间不要过于倾斜（机械加工需要倾斜台）。

（4）每个零件上，使用相似的几何形状（同样的孔直径、螺纹、内圆直径，同样的锥形物），使用同样的刀具和标准，并考虑以同类生产为单位。

（5）如果零件被分成更小的零件（差异化设计），通常应分开生产，然后装配成一个完整的零件，这样的零件加工通常较便宜，但很有可能会产生废渣。

（6）在一个装置中完成所有的机械加工，这样比更换机械装备或重新安装更便宜也更精确。

四、装配设计的成本分析

装配成本在制造成本中所占份额可达到50%，尤其是含大量零件（如在精密工程中）或复杂程度高（如测量仪器、机床）的产品。在设计中，零件加工成本和装配设计之间的妥协随处可见，如以紧公差生产零件，则在装配中不需要做任何的调整。另外，原装配成本和维护、修理及清理时的装配（拆卸）成本之间的妥协也不少见。

（一）装配流程分析

装配流程是成本的动因，装配流程分析是影响成本因素分析的基础。产品设计阶段的装配流程设计可追溯至概念设计阶段，当然也要在详细设计阶段说明要装配的零件数、连接件类型，以及调整、安全及控制的可能性。不同的产品具体的装配细节当然不同，但我们可以总结出所有产品大致通用的装配流程如下：

（1）零件和组合件的存储（整齐的仓储、堆垛）。

（2）处理零件（辨认、获取、移动零件）。

（3）调位（为了连接定向及校准）。

（4）连接（形状或基于材料的连接或特殊连接件）。

（5）安装、调整（均摊公差或调整间隙）。

（6）固定。

（7）检验。

（二）影响成本变量分析

在装配流程中，零件（零件系统）成为局部装配（更复杂的子系统）的组成部分，而且这些反过来又作为机器（复杂系统）的组成部分连接得更为紧密。因此，成本首先是由下列变量决定的：

（1）零件数和它们的连接性能依赖于几何形状、表面及材料。

（2）在其他分组合件或零件的界面上的分组合件和它们的连接性能。

（3）连接流程。

（三）高成本零件的技术特征

引起成本增加的零件通常具有难操作的技术问题，了解它们的技术特征，在设计中尽量避免使用它们，可以有效地控制成本。具体技术特征包括：

（1）极重（大量）。

（2）极端的尺寸与/或大小差异。

（3）粗略的公差值。

（4）混乱不清的形状（例如弹簧、夹子、扣环、电缆等）。

（5）高敏感性。

（6）极端的物理或化学性能。

五、装配的低成本设计规则

有效的装配设计有两个原则：

（一）尽可能省略装配流程

零件数的减少对避免装配流程混乱特别有效。这说明在生产前所做设计的重要性。当原来独立生产的零件现在通过整体设计（如通过铸造、注塑成型或烧结）被合并成一个零件时，并不存在装配流程，自然大幅度节约了生产时间与成本。

（二）装配流程简单化

在装配不可避免时，可用多种方法尽量简化装配流程，以节约成本与时间。通过使用与装配有关的更有利的特征，如几何形状和材料（如更粗略的公差值及适合的连接方法），直接使装配流程简单化；采用更符合人类工程学的形状设计，使装配流程更顺畅；尽可能将技术资源的使用纳入产品设计（如夹具、电动刀具或自动机床），这在通过生产标准化增加装配操作的重复率时特别经济。

表5－4是根据装配流程分析提出的降低装配成本的设计规则。

表5－4　降低装配成本的各种形状设计规则

成本控制规则	形状设计规则描述
减少零件装配数	·省略零件矩形盖或圆形盖； ·预制填塞； ·合并零件（整体设计）； ·使用预装配的、独立的、可测试的半成品； ·使用统一的零件（同样的零件、采购件）； ·使用不同的独立装配操作（距离短、直线运动、尽可能同一方向）； ·……
零件易于存储	·零件能被堆积，对于形状不规则的零件，存储以位置为导向，按加工顺序存储； ·……

（续上表）

成本控制规则	形状设计规则描述
零件易于处理	·易于获取的位置标记：要么是对称式设计，要么是为避免混淆的明显不对称式设计； ·易于夹牢：如为分离的外壳提供拆卸方法或避免零件的铸件粗加工； ·易于移动：如为重零件提供吸持装置和吊挂装置，使零件易于辗轧，使零件在运输中不会被楔入； ·避免使零件柔软、弯曲； ·与尺寸、力、轧制型缝、速度有关的限制和适应性； ·……
零件易于调位	·自动校准（无装配），如自定心盖； ·……
易于连接	·合适的连接件（如铰孔中，凹槽和合梢通常比定位螺钉或圆柱梢更适合）； ·易于嵌入：如使用凹槽或同时配合不同的配合面； ·提供易接近性，如插入足够深，使其不易被其他零件误入； ·……
易于安装，易于调整（精制生产，精确调整）	·避免多余的装配过程； ·不要以线为中心，避免特殊的定中心装配操作； ·使用梯形装配零件，或平稳调整； ·避免使用公差值更精确的零件，使用弹性或塑性变形或调整的零售件； ·紧密配合阶式轴的使用，孔可被钻通； ·轴承座的黏着取代装配再加工； ·……
易于保护	·外壳零件的位置锁定间有相距较远的独立合销； ·除特别保护（锁紧垫圈），螺栓车削受螺栓头和外壳形状的阻止； ·装备简易的安全的保护元件； ·……
易于检验及控制	·通过使用不同尺寸的螺栓进行“自我检验”； ·为不平衡的零件装备轧制支架及点以消除不平衡； ·使用标准尺寸和公差值（易于获取的刀具和量具）； ·……
易于拆卸	·楔磨损后可被移除，可使用锤头在一端敲击； ·为拆卸提供孔、凹槽、刀具； ·为分开的外壳提供拉拔螺钉； ·……

另外，因为后续流程及适应性工作在装配成本中占很大比例，所以具有使用性的产品标准化也很重要。装配中流程使用的量具和夹具，以及装配本身的量具和夹具随后能被准备好。同样，形状设计规则也被用作装配设计适用性检查表。

六、实现低成本装配的组织措施

如果技术问题是硬件，组织措施相当于软件，由于装配设计是产品设计中后端的流程，有时会因为前端工艺流程的限制，技术上已无太大降低成本的空间，此时，组织措施对成本控制更具有突出的意义。装配时的零件不适用性会造成高成本并延长作业时间（尤其在单件及限量生产中）。而组织管理的有效性无疑将有效地降低装配成本。下面是一些降低装配成本的组织措施：

（1）采取团队合作的并行工程方式，财务、设计、供应链各部门连同装配专家进行以装配为导向的产品设计和开发，以并行工程方式共同参与产品的实现。对生产和成本提供建议，重点在对装配的要求上。

（2）将整个装配流程按比例分成预装配和最终装配，分部装配必须被设计为可被预装配及可测试性的，由此可降低装配的复杂性，使装配和设计在空间上尽可能接近。

（3）建立自我负责装配规划组（应包括生产、采购、仓储、设计和质量保证等部门），在生产规划中规划装配过程（如库存零件的配送和可用情况），以进行物流、时间进程和质量控制的优化。

第三节　产品设计中的成本控制流程与一般性措施

一、产品设计成本控制决策流程

产品设计成本控制决策的基本流程如表5－5所示：

表5-5 产品设计成本控制决策的基本流程

步骤	主要决策内容
STP1 阐明 任务	·建立团队：对生产、装配及物流中的真正问题以及所需时间有充分了解的设计、生产规划、采购、服务和来自生产及装配的主要操作人员。为负责成本减少的小组指派一个团队领导人，为程序制订计划。 ·决定总的目标成本并将其分解至不同部件中去。 ·在可能的主要成本因素方面对产品进行分析：有哪些是有可能减少成本的？有哪些配件/零件？生产/材料或采购成本是多少？哪些程序/生产步骤需要大量时间？哪些问题最多？哪些问题可能加剧？哪些是有节省可能的因素？哪些品质由客户评价，哪些不是？竞争者是怎样做的？
STP2 寻找 解决 办法	·功能：更少或者更多功能？功能集成？ ·原则：其他原则（概念）？ ·外形设计：减小尺寸？更少的部件（整合设计）？ ·工厂内部标准：相似零件、重复零件、零件系、尺寸范围、模式设计。 ·材料：材料更少？浪费更少？材料成本更低？标准化的材料？采购件？ ·生产：更少的生产步骤？其他的固定装置、设备？精确度更低？装配变量？内部或外部生产？ ·竞争者如何做？在相似领域它如何被制作（类比）？自然界怎么做（仿生学）？
STP3 选择 方案	·大部分成本通过初步值被粗略估算（如每平方米成本、每千克成本、每分类零件成本）。 ·如果无法对满意的备选方案进行任何比较成本核算，那么可对已经做好的备选方案的生产及装配费用进行估算。 ·外部调查。比起从公司内部获取，这种方式更能迅速获取供货商的成本或竞争者价格。 ·储存投标数据，如有必要可对其进行评估。

二、产品设计成本控制一般性措施

针对机械产品，成本控制的可能措施主要包括：减少材料成本（减少用量、降低单位材料成本），减少零部件成本（精减生产操作，简化的生产程序、工具及机床），减少装配成本（减少的装配操作、低成本的装配程序）。表5-6列示为不同的成本种类及其控制方法。

表 5－6　成本种类及其控制方法

<table>
<tr><th colspan="4">成本类型</th><th>可能降低成本的建设性方法</th><th>控制方向</th><th>是否可归于某成本动因</th></tr>
<tr><td rowspan="11">总成本 TC</td><td rowspan="8">制造成本 MC</td><td rowspan="2">材料成本 MtC</td><td>直接材料成本</td><td>减少用量，或减少优质材料/采购零件，或使用标准、非特殊设计零件</td><td>采购（供应商、折扣）</td><td>是</td></tr>
<tr><td>间接材料成本</td><td>通过标准化减少零件品种</td><td>材料管理、生产规划</td><td>否</td></tr>
<tr><td rowspan="5">加工成本 PC</td><td>生产劳动成本</td><td>使用机器代替手工，需要使用已处理表面的半加工材料</td><td rowspan="6">生产规划（产量、负载、生产时间、产品体积尺寸等各方面合理化）</td><td rowspan="4">是</td></tr>
<tr><td>机器时间成本</td><td>减少需要机器加工移除的材料</td></tr>
<tr><td>闲置时间成本</td><td>粗略的公差值
简化零件（减少再加工）</td></tr>
<tr><td>生产准备成本</td><td>精减的工作步骤
大批量标准化生产</td></tr>
<tr><td>生产间接成本</td><td>避免有高间接成本的步骤</td><td>否</td></tr>
<tr><td colspan="2">特别生产直接成本</td><td>减少专用刀具、夹具及固定装置</td><td>是</td></tr>
<tr><td colspan="3">设计与开发成本、准备成本</td><td>生产标准化、CAD、设计流程合理化、并行工程</td><td>—</td><td>部分</td></tr>
<tr><td colspan="3">管理和销售间接成本</td><td>生产标准化</td><td rowspan="2">管理、营销</td><td>否</td></tr>
<tr><td colspan="3">特别销售间接成本</td><td>—</td><td>是</td></tr>
</table>

总结前述内容，产品设计中的成本控制一般措施如下：

（一）明确产品设计边界条件

（1）单件生产还是成批生产？

（2）零件尺寸是大还是小？

（3）选用低成本的标准材料，还是昂贵的特殊材料？

（二）控制准备时间与成本

准备阶段产生的准备成本是一次成本中非常重要的一部分，控制准备时间与成本虽不能减少产品的种类和零件数量，但是会简化产品控制，减少加工成本。

（1）减少零件数量：一体化设计、功能整合以及寻求低零件数量的概念等在减少零件数量方面都非常有效。

（2）增大生产批量 N：在模块化设计中使用重复零件或相同/相似零件，使用零件族可以有效地减少准备成本。

（3）优化生产流程：准备成本随着生产流程的增加而增加。因此，企业可以在技术允许范围内，限制生产流程的数量，减少准备时间较长的作业。

（4）使用经济的设备：对零件的形状进行合理设计后，应根据具体情况选择合适的生产设备。

（三）依据原型进行适量设计

传统机械生产中用标准材料制成的原型（批量 =1）。其重要之处在于其实现时间短，可靠度高，且与后来的生产有较高的兼容性。

对于成批生产，尤其是限量生产，为了降低初始生产过程和变形过程（如锻造、喷射铸造、烧结、金属板成型等）的成本而重新设计以前的原型。

（四）减少零件数

在大部分情况下，减少零件数可以降低成本。每个新的零件都会产生准备成本、物流成本、安装成本，需要接口、连接件（工艺）以及相应的装配成本。因此，一般而言，减少零件的整体性设计更为可取。减少零件数有以下途径：

(1) 用相似及重复零件设计。

(2) 在尺寸范围内进行模块化设计。

(3) 初始生产工艺的应用（锻造、喷射铸造、烧结）。

(4) 变型工艺的应用（金属板成型、锻造、挤压、轧制）。

（五）进行稳健（防误）生产设计

误生产或误操作一方面会增加加工时间与成本，另一方面会产生废料，增加材料成本，可通过下面措施进行稳健设计：

(1) 生产步骤少的零件。

(2) 生产不需要再加工就能被处理或易于加工的零件。

(3) 机加工面少，都在同一高度（经过碾磨），相互之间不倾斜但相似（例如有同样孔径）的零件。

(4) 尺寸可量，尽可能带粗公差值。

(5) 尽量使零件适用于现存的专用机床。

（六）降低装配的简单设计规则

(1) 少部件，少变体。

(2) 预装配的、可独立测试的装配件。

(3) 简单的连接件（不需要额外的零件），易于获取。

(4) 单方装配（夹层设计）。

本章小结

影响产品成本的细节因素非常多，本章从全生命周期成本的角度，仅对产量、体积、尺寸、材料四个密切相关的因素进行详细论述，涉及材料成本与准备成本两大成本项目。各个因素通过定性或定量分析其影响成本的原因，并建立一个量化的模型，从原型产品的原有成本结构推导出改型产品的新的成本结构，以利于寻找成本降低的重点及控制规则。

零件生产工艺流程的选择对加工成本有很大的影响，由于机械产品加工工艺多且各具特色，其成本控制也各有重点，没有一个统一的标准，故本章以铸造这种最典型的成型工艺来论述如何进行加工工艺成本分析及设计规则制定，即工艺特点分析→工艺成本影响因素分析→总结低成本形状设计规则。这种思路在各种工艺成本分析中均适用。装配也是影响加工成本的一个重要因素。本章从装配的基本流程分析入手，关注影响装配成本的要素与技术环节，并依此总结了低成本的形状设计规则及相关组织措施。

最后，本章在总结前述内容的基础上，总结了产品设计过程中进行成本控制决策的基本流程及具有广泛适用性的一般性控制措施。

第六章

产品设计成本控制的知识模式构建

第五章通过分析寻找到成本降低的重点，并总结出部分低成本形状设计规则，在实践中，这些规则非常多，必须借助有效的方法进行管理并完成成本降低求解的过程，由此，本章构建了成本控制的知识模式。

首先，根据成本控制知识的特点，采用产生—框架式的知识表示方法，根据不同的成本项目层次，分设实体类、槽、侧面数据表，各成本对象的实体类、槽与侧面数据表三者之间具有明显的层次关系，每个子类都引用父类的主键作为外键以实现继承关系。在分析成本知识对象之间的约束与对应关系基础上建立成本知识表示体系。

其次，在知识管理模式中导入已具备成熟的数据组织策略的关系数据库，建立成本知识库，解决成本知识库组织的有效性途径问题。根据一定的映射规则将知识表示关系映射到数据库组织，采用关系数据库管理技术实现成本知识组织。

最后，构建适用于产品成本生命周期的各阶段成本控制知识模式。该模式以数据挖掘等为技术基础，以成本知识库为数据组织核心，以成本估算知识、成本分析知识和成本降低知识为主要内容，通过知识的实施反馈与效果评价机制不断进行更新补充。在成本控制知识模式指导下，建立健全新的成本考核方式以增强协同设计阶段的成本观念，落实各阶段成本责任。

第一节　成本控制知识范围及特征分析

一、成本控制知识范围界定

与成本控制相关的知识范围广，涉及的领域多。本书仅从实施过程和成本控制的范围分析，将成本控制知识界定为：为实现产品全生命周期成本控制目标，通过总结、分类和分析分散于企业价值链各环节的信息和知识而形成的与全生命周期成本控制相关的专业知识。

以机械产品为例，全生命周期总成本包括生产成本 C_1（主要包括材料成本、加工装配成本）、使用成本 C_2（主要包括运行成本和维护成本）。如图 6－1 所示，随着对产品性能要求的提高，生产成本 C_1 会增加，使用

成本 C_2 会下降，而总成本有一最低点。目标成本即根据性能要求，会选择成本较低的价值优化方案。

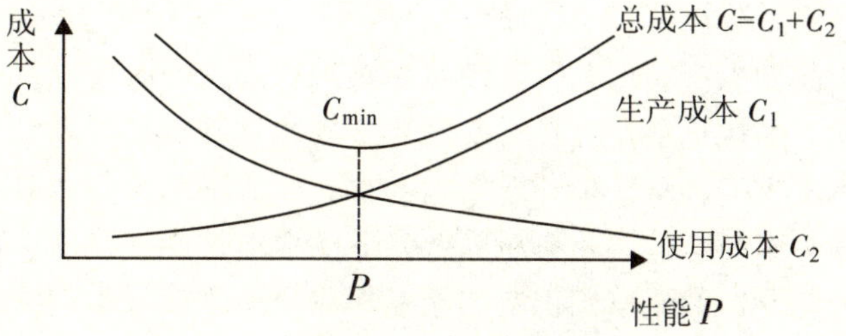

图 6－1　机械产品成本与性能关系图

二、机械产品成本构成特点

（一）差异性与重要性

就产品生命周期而言，各机械产品成本结构比例不同。如一些零件类产品总成本中 100% 是生产成本，而类似汽车之类的产品，生产成本仅占总成本的 20%，运行及维修成本达到 80%。设计者必须充分考虑到全生命周期各阶段成本的结构比例，方可确定产品成本降低的重点。

就个别产品内部而言，机械产品中零件很多，但各零件所占成本份额极不相同，通常产品中的重要零件数约占总数的 30%，但其所占成本份额却达到总成本的 70% 以上。机械产品通常有一个支配成本的主参数（如压缩机的支配成本主参数是轴马力，压力容器的支配成本主参数是重量），控制这个主参数，即可最有效地控制成本。设计者必须对重要零件特别关注，以抓住矛盾的主要方面。

（二）广泛性与扩展性

从时间维度来看，企业的整个产品生命周期成本均属于成本控制范围之内，即涵盖产品从设计、采购、生产、库存、销售、售后到回收的全生命周期过程。因此，成本知识的范围具有广泛性。从产品构成维度来看，从整个产品到具体的某个零件，都适用成本控制知识，因此，成本控制知识不仅存在于财务部门各类成本数据和成本分析方法中，还存在于产品设计、供应链管理、生产管理等各个作业链中。而这些知识随着新技术、新工艺、新材料的出现处于动态的更新之中，具备很强的扩展性。

（三）层次性与相关性

成本控制知识可根据不同的成本项目划分为不同的类，又可根据不同的评价对象要求进行细化，具有层次性。从产品设计到生产销售再到售后回收，成本发生的各阶段是环环相扣的，各项成本的产生本身具有密不可分的关联性，某环节的作业会对其他作业的成本产生或多或少的影响，因此，各领域各阶段的成本知识必然相互作用，产生交叉影响。同一降低成本问题可从不同知识角度得解，同一知识又可解决不同降低成本问题，知识之间具有很强的相关性。

（四）通用性与冲突性

成本控制知识中很大部分是通用性指导性知识，同一知识可用于结构完全不同的产品或零件，但对具体产品而言，知识又互相约束，通用的知识在具体项目运用上可能会存在冲突。

三、成本控制的知识模式构建总体思路

控制成本是与产品设计各阶段各过程紧密联系的知识工程，在控制成本时还需考虑质量、成本项目之间的设计约束条件。因此，控制成本需通过专家系统进行知识管理，建立知识库进行有效推理得到合理结论。知识表示问题是知识工程的基础，成本知识库是成本控制知识模式的核心，因此本章从知识表示入手，在分析知识库中知识存储与表达的基础上建立成本知识库，并以此为基础构建成本控制的知识模式。

首先，根据成本控制知识的特点，采用产生—框架式的知识表示方法，根据不同的成本项目层次分设实体类、槽、侧面数据表，在分析成本知识对象之间的约束与对应关系的基础上建立成本知识表示体系。

其次，在知识管理模式中导入已具备成熟的数据组织策略的关系数据库，建立成本知识库，按照对象—关系的映射策略，将对象模型映射到关系数据库中，采用关系数据库的管理技术实现成本知识的组织。

最后，依托 Agent 技术、数据挖掘技术和联机分析技术等，构建适用于产品成本全生命周期的各阶段成本控制知识模式，实现在成本管理控制全过程中的成本知识的应用、成本知识间的约束和成本知识的反馈机制。

第二节　产生—框架式成本知识表示

一、产生—框架式的知识表示方法

（一）产生—框架式知识表示特点

知识表示是智能研究的基础，其表示方法对专家系统的能力和问题求解的效率有直接的影响，知识的表示方法随不同领域问题的特点和属性不同而不同。产品设计阶段降低成本的过程实质上是一个基于知识推理的过程，复杂的降低成本的知识体系构成了降低成本的求解网络，为获得合理的推理结果，必须先建立科学的知识表示。

产生式知识表示法的基本形式是 P→Q 或者 If P Then Q。其中 P 是产生式的前提，也称为前件，它给出了该产生式可否使用的先决条件，由事实的逻辑组合构成；Q 是一组结论或操作，也称为后件，它指出当前提 P 满足时，应该推出的结论或应该执行的动作。

框架式知识表示法中的框架是把某一特殊事件或对象的所有知识存贮在一起的一种复杂的数据结构。一个框架就是描述一个实体类（Entity Type），包含一组槽（Slot），每个槽可填以值或指向其他框架的指针。槽下可细分为侧面（Aspect），每个侧面可有各自的取值，作为对槽的进一步说明。

产生式表示法对过程性知识具有良好的表达性，但对结构性知识难以表达清楚；而框架表示法刚好相反，善于结构性知识的表达，却难以表达过程性知识。因此，将二者结合起来，取长补短，可以取得互补的效果，而且良好的表达也有助于后续的知识推理。产生—框架式知识表示的具体方法是：融合产生式规则与框架，以框架表示为主体进行知识表示，但框架中被嵌入产生式规则。实现推理时，框架与产生式规则可以相互调用。其主要特点如下：

（1）面向对象，为表示大规模复杂知识提供基本手段。

（2）利用层次结构、性质继承，降低知识表示冗余。

（3）推理灵活多变，框架中没有固定的推理机制，它可以根据需要通过过程附件灵活地实现多种推理。

（二）产生—框架式知识表示形式化描述

产生—框架式知识表示法形式化描述如表6－1所示：

表6－1　产生—框架式知识表示法形式化描述

```
〈产生式框架语言〉::= begin
      define〈框架名〉'{'〈定义框架语句序列〉'}'
            {define〈框架名〉'{'〈定义框架语句序列〉'}'}
            {application〈框架名〉'{'〈应用框架语句序列〉'}'}
      end
〈定义框架语句序列〉::=slot:〈槽说明〉;{slot:〈槽说明〉;}
   [relation:〈关系说明〉;][axiom:〈公理说明〉;][rule:〈规则说明〉;]
〈槽说明〉::=〈槽名〉〈槽类型〉
〈槽类型〉::=字符串|整型|实型|日期型|时间型|布尔型|〈框架类型〉|侧面类型〉
〈框架类型〉::= Frame:〈框架名〉'{'〈定义框架序列〉'}'
〈侧面类型〉::= Facet (facet:〈侧面说明〉;{facet:〈侧面说明〉;})
〈侧面说明〉::=〈侧面名〉〈侧面类型〉;
〈侧面类型〉::=字符串|整型|实型|日期型|时间型|布尔型|〈框架类型〉
〈关系说明〉::=〈关系类型〉Frame:〈框架名〉
〈关系类型〉::= ISA | PartOf | subClass | instanceOf
〈规则说明〉::=〈外部形式槽〉{〈外部形式槽〉}
〈外部形式槽〉::= IF〈条件槽,前件权重,前件强度〉THEN〈规则后件〉〈规则强度〉
〈条件阈值〉
〈条件槽〉::=〈事实名称〉AND〈事实名称〉|〈事实名称〉OR〈事实名称〉|〈事实名称〉
| Frame:〈框架名〉
|NULL
〈规则后件〉::=〈结论槽〉|〈动作槽〉
〈结论槽〉::=〈结论名称〉OR〈结论名称〉|〈结论名称〉|Frame:〈框架名〉|NULL
〈动作槽〉::=发送消息|接收消息|调用过程|事件
```

二、产生—框架式成本控制知识表示思路与模式

（一）产生—框架式成本控制知识表示适用性分析

1. 产生—框架式成本控制知识表示有利于成本控制期望制导处理

成本降低知识是在估算成本高于目标成本的情况下，寻找一种合理降低的途径的知识，是期望制导处理形式。而框架式结构利用槽与侧面能说明期望信息，而且一个槽可附加一个过程，说明在需要的情况下如何求槽的值，这种知识表示方式可满足人们在特定环境寻找期望值的要求，有利于期望制导处理。

2. 产生—框架式符合成本控制知识特点

框架结构通过对槽与侧面的填值可增加知识，其动态衍生性符合成本降低知识的广泛性与扩展性特点。框架结构将实体相关的属性聚到一起，即能将一类成本降低知识组织起来以体现相关性，并且利用槽与侧面体现层次性。框架结构可提供缺省值与公共属性，满足成本降低知识的通用性要求，也可利用表示过程与特殊说明性的知识解决冲突。

3. 产生—框架式成本控制知识表示便于成本控制推理实现

合理地进行知识表示是建立知识库并进行知识推理的基础。知识库大多以关系数据库形式建立。成本对象具有很强的层次性与相互制约性，采用产生—框架式知识表示，在建立知识库时，根据不同的成本项目层次分设实体类、槽、侧面数据表，每个子类都引用父类的主键作为外键以实现继承关系。一对一、一对多或多对多关系存在于不同层次的成本实体类、槽与侧面间及其约束关系间，在连接不同成本对象时，可根据一定的映射规则将这些关系映射到数据表，知识库中的知识类之间或知识类中的规则之间的调用及其关系能自然形成推理树，推理树的根节点是总的降低目标，对应着相应的成本项目，是推理的入口，叶节点就是要得到的结论或计算结果，对应着定性知识规则或具体措施，是推理的出口（终止节点）。这些都符合成本控制知识的特点。

（二）产生—框架式成本控制知识表示总体思路

如图 6－2 所示，首先，根据特定成本项目 Ci，将影响其成本降低的一项或多项知识类（CiE1，CiE2，…，CiEn），成本项目与知识类的关系是一对多关系。知识类即对应框架结构的实体类。

其次，根据层次关系将每类知识类细化到指定具体的一项或多项知识元（S1，S2，…，Sm），全部知识类与知识元的关系是多对多关系，但具体到一类知识与知识元，是一对多关系。知识元对应框架结构的槽。

最后，对于每个知识元 Sm，以一系列具体参数（SmA1，SmA2，…，SmAk）确定，参数可从 CAD/CAM、CAPP、ERP 系统等数据库中取值。参数对应框架结构的侧面。

框架结构中，槽与侧面的值很灵活，可以表明事物的某种性质，可以说明如何取得该特性的值及框架之间的关系，也可以是指向另一框架的指针；可以是具体的值（字符型、逻辑型、整型等），也可以是一组子程序（过程或附件），比如说明在填槽时需要做什么，填槽时如何计算槽值等。

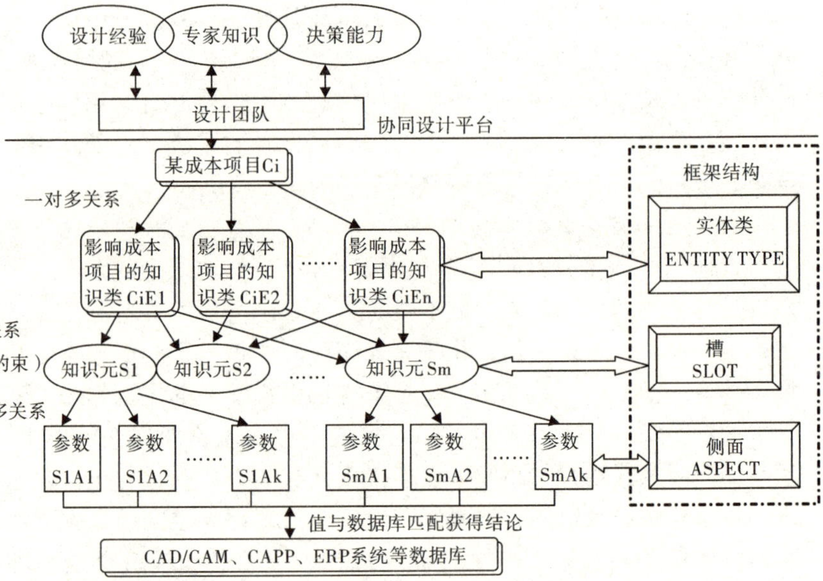

图 6－2　产生—框架式成本控制知识表示总体思路

（三）产生—框架式成本控制知识表示模式

产品成本知识的类层次结构如图 6－3 所示，图中继承关系以三角形表示，聚合关系以小菱形表示。

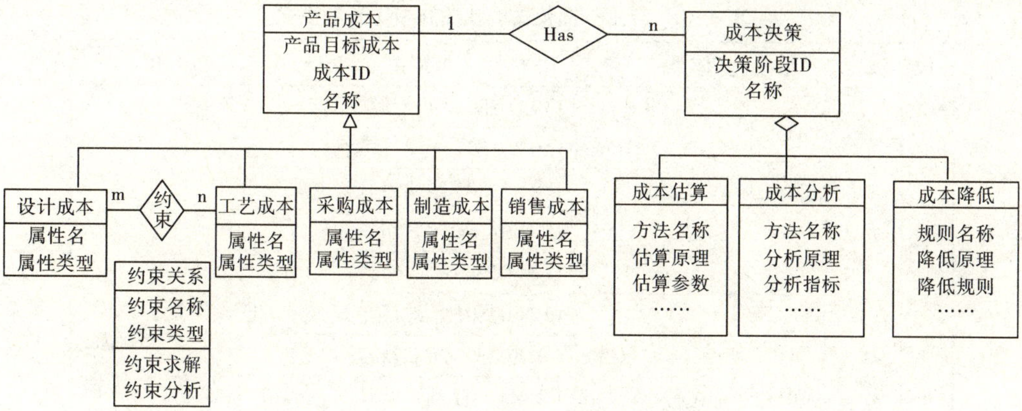

图 6-3　产品成本知识的类层次结构

最高层次的实体类：产品成本（名称、成本 ID、产品目标成本等属性）。

最高层次的方法和规则：成本估算、成本分析、成本降低等各种规则与方法。

子知识类：设计成本、工艺成本、采购成本、制造成本和销售成本。

子知识类属性：可继承上一层的产品成本类的属性，也具有自身特有的属性。

子知识类方法与规则：可继承上一层的约束、方法和规则，也可具有自身的约束、方法与规则。

产生一框架式成本控制知识表示模式如表 6-2 所示：

表 6－2 产生—框架式成本控制知识表示模式

成本项目		实体类	槽（可细化至侧面）	值
产品成本	C01 设计成本	C01E01 物料成本	C01E01S01 机械性能指标	可以从 CAD/CAM 和其他业务系统引入，或储存链接其他知识库的指针
			C01E01S02 化学性能指标	
			C01E01S03 结构设计规范	
			C01E01S04 工艺组合规则	
			C01E01Sm……	
		C01E02 加工成本	C01E02S01 毛坯成型规则	
			C01E02S02 工艺特性	
			C01E02S03 制造特性	
			C01E02S04 成组原理	
			C01E02Sm……	
		C01E03 设计成本元	C01E03S01 物料用量	
			C01E03S02 机器工时	
			C01E03S03 人工工时	
			C01E03S04 动力耗用	
			C01E03Sm……	
		C01E04 设计目标成本	C01E04Sm……	
		C01En……	C01EnSm……	
	C02 工艺成本	C02E01 工艺原理	C02E01S01 工艺特征	可以从 CAPP 和其他业务系统引入，或储存链接其他知识库的指针
			C02E01S02 设备选择原理	
			C02E01S03 刀具选择原理	
			C02E01S04 热处理工序选择	
			C02E01Sm……	
		C02E02 工艺成本元	C02E02S01 物料名称	
			C02E02S02 工艺性能	
			C02E02S03 机器工时	
			C02E02S04 人工工时	
			C02E02Sm……	
		C02E03 工艺目标成本	C02E03Sm……	
		C02En……	C02EnSm……	

（续上表）

成本项目		实体类	槽（可细化至侧面）	值
产品成本	C03 采购成本	C03E01 采购对象	C03E01S01 性能评价	可以从PDM、采购管理等业务系统引入，或储存链接其他知识库的指针
			C03E01S02 价格比较	
			C03E01S03 运输特征	
			C03E01S04 储存特征	
			C03E01Sm……	
		C03E02 采购成本元	C03E02S01 物料价格	
			C03E02S02 物料数量	
			C03E02S03 运输费用	
			C03E02S04 装卸费用	
			C03E02Sm……	
		C03E03 采购目标成本	C03E03Sm……	
		C03En……	C03EnSm……	
	C04 制造成本	C04E01 制造资源	C04E01S01 物料工艺特征参数	可以从生产管理系统、财务系统等引入，或储存链接其他知识库的指针
			C04E01S02 工人技术水平	
			C04E01S03 设备特征参数	
			C04E01S04 设备状态	
			C04E01Sm……	
		C04E02 制造过程	C04E02S01 工序管理	
			C04E02S02 设备管理	
			C04E02S03 动力管理	
			C04E02S04 半成品管理	
			C04E02Sm……	
		C04E03 制造成本元	C04E03S01 物料消耗量	
			C04E03S02 动力消耗	
			C04E03S03 机器工时	
			C04E03S04 人工工时	
			C04E03Sm……	
		C04E04 制造目标成本	C04E04Sm……	
		C04En……	C04EnSm……	

（续上表）

成本项目		实体类	槽（可细化至侧面）	值
产品成本	C05 销售成本	C05E01 客户要求	C05E01S01 价格要求	可以从 CRM 或财务等系统引入，或储存链接其他知识库的指针
			C05E01S02 运输要求	
			C05E01S03 外观特征	
			C05E01S04 性能评价	
			C05E01Sm……	
		C05E02 销售成本元	C05E02S01 销售人员薪酬	
			C05E02S02 维修次数	
			C05E02S03 维修物料	
			C05E02S04 维修人工费	
			C05E02Sm……	
		C05E03 销售目标成本	C05E03Sm……	
		C05En……	C05EnSm……	

表 6－2 列出了针对不同成本项目的知识类（实体）与知识元（槽）参考设置模式。事实上，对于不同产品，用户可根据自身需要规定知识元（槽），也可将需要的知识元（槽）用更细的参数（侧面）表示。存储在槽与侧面中的指针，指向利用 PRO/E 等在设计过程中动态提取的设计信息，从而保证知识表示体系可以统一格式，表达不同数据类型。

以油压减震器产品的材料知识为例（表 6－3），可将侧面中的各种参数指标赋值例化，与 ERP 中的材料库进行匹配，选择符合各项性能要求且成本最低的材料。

表 6－3　油压减震器产品的物料成本产生—框架式知识表示（部分）

框架名：油压减震器产品的物料成本 C01E01		
槽 C01E01S01 化学性能指标	侧面 C01E01S01A01	体积∷侧面值：DB－M－A01 //联系材料手册的指针
	侧面 C01E01S01A02	表面积∷侧面值：DB－M－A02 //联系材料手册的指针
	侧面 C01E01S01A03	密度∷侧面值：DB－M－A03 //联系材料手册的指针
	侧面 C01E01S01A04	质量∷侧面值：DB－M－A04 //联系材料手册的指针
槽 C01E01S04 工艺组合规则		∷槽值：DB－T－S02 //联系工艺手册的指针
……		
……		

三、产生—框架式的成本知识约束关系分析

“目标—作业”成本管理体系中，根据作业进行的成本估算值需反复多次与各功能和成本约束值进行比较，若约束值不满足，需进行成本分析，寻找降低成本的途径。在寻找和分析导致成本偏高的因素的过程中，成本参数的相互约束和知识对象之间的相互约束关系均是需要重点关注的内容。

虽然成本知识跨越不同的领域，但各领域知识约束都可划分为领域知识约束和成本阶段约束。各领域的机理、规则等知识形成了领域知识约束，如材料成本的领域约束包括材料体积、尺寸、密度、硬度约束等。各成本发生的阶段形成了成本阶段约束，如材料成本的成本阶段约束在采购阶段是采购价格等。工艺设计规范、行业标准可指导领域知识约束，本节主要分析对成本知识的成本阶段约束。

（一）成本作业对成本类的影响

处于产品生命周期越早期的作业对成本的影响越大，如图6－4所示。每一项作业都会对本阶段及后续的成本产生影响。

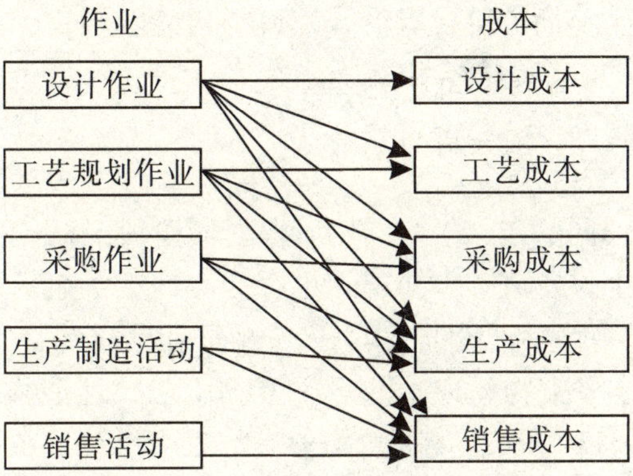

图6－4　成本作业对成本类的影响

设计作业阶段：产品生命周期的起始阶段是设计作业阶段，该阶段是同步成本筑入对后续活动进行模拟的过程，因此设计活动会影响后续阶段所有的作业阶段（如设计费用、工艺路线、采购的物料和客户要求的满意

度），并对其中的工艺成本、采购成本、生产成本和销售成本形成制约。此阶段的成本知识具有抽象性与跨专业性，需要企业其他责任中心在协同设计平台提供相关成本信息，才能判断概念设计、工艺设计方案、生产规划、成本目标是否可实现。

工艺规划作业阶段：该阶段也处于产品生命周期的早期，工艺规划是对产品加工路线、机器设备配备和人工排期等进行详细的设计，因此工艺规划活动也对后续环节产生重要影响，对后续采购成本、生产成本和销售成本形成制约。此阶段的成本知识特点与设计阶段相同，也需要协同设计提供全面、及时、准确的适用性知识的反馈系统。

采购作业阶段和生产制造活动阶段：这两个阶段是传统的成本控制重点阶段，产生的成本是真实的资源消耗，成本知识具体且真实，相关的规则与方法也比较成熟。其中，采购作业阶段会影响生产制造活动阶段的材料成本。但这两个阶段处于产品生命周期靠后的阶段，是前两个阶段（设计作业和工艺规划作业）的实际演练，可控成本范围不大，成本降低的空间较小，而且一般是在资源耗用后的事后控制，因此这两个阶段实施成本控制的效果较弱。

销售活动阶段：处于产品生命周期的末期，主要影响本阶段和售后服务维护及回收成本，对前面各阶段的成本类无法产生影响，成本控制效果也较小。但可以为前面各阶段提供客户反馈信息和知识，使设计阶段目标成本及产品功能的确定更符合市场需求。

（二）成本知识之间的约束关系

上面分析了不同的产品生命周期阶段对同阶段及后续的成本的影响与制约关系，事实上，各成本类知识间也存在着约束关系。前一阶段的成本知识槽或侧面值对下一阶段的成本槽或侧面值构成约束，如表 6 - 2 中，C01 中的设计成本子类物料成本的 C01E01S01 机械性能指标槽值，C03 采购成本类中的 C03E01S01 性能评价槽值有约束，设计人员提供的具体性能指标约束着采购对象，采购人员在指标约束下，结合供应商知识选择最新、价格最优的替代材料。具体约束关系如图 6 - 5 所示：

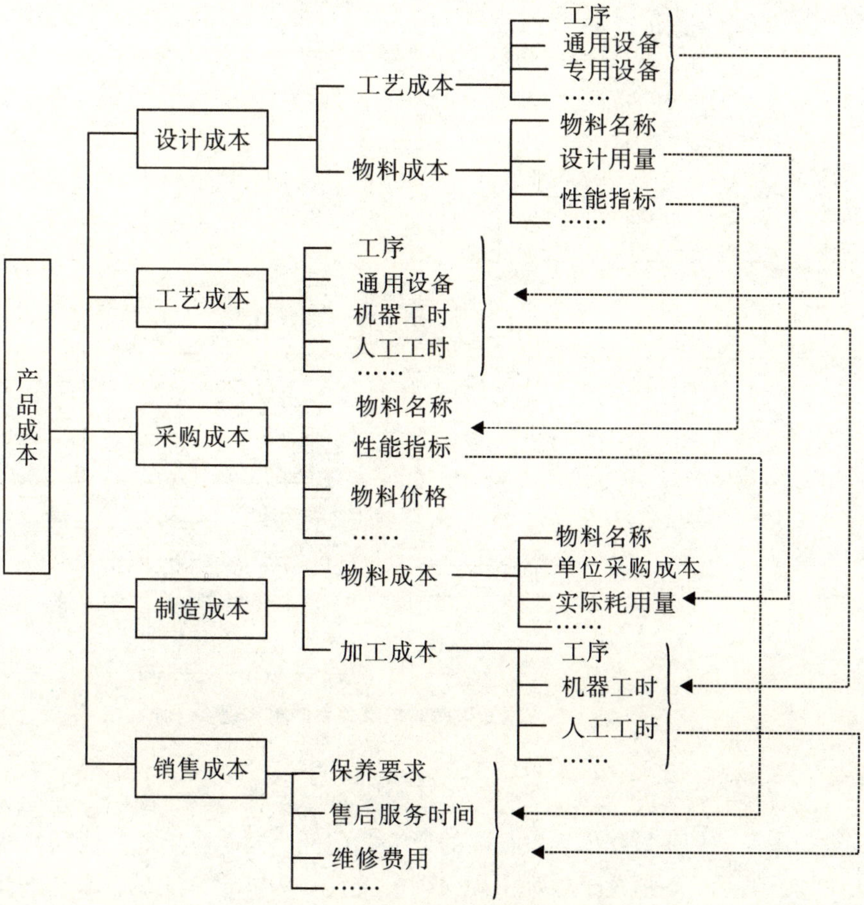

图6－5　成本知识对象的具体约束关系

第三节　成本知识库组织及推理

一、成本知识库映射方案

知识表示的最终载体是知识库，按照目前成熟的关系数据库的管理技术实现对知识库的组织，必须将各种对象及关系映射到表，如图6－6所示：

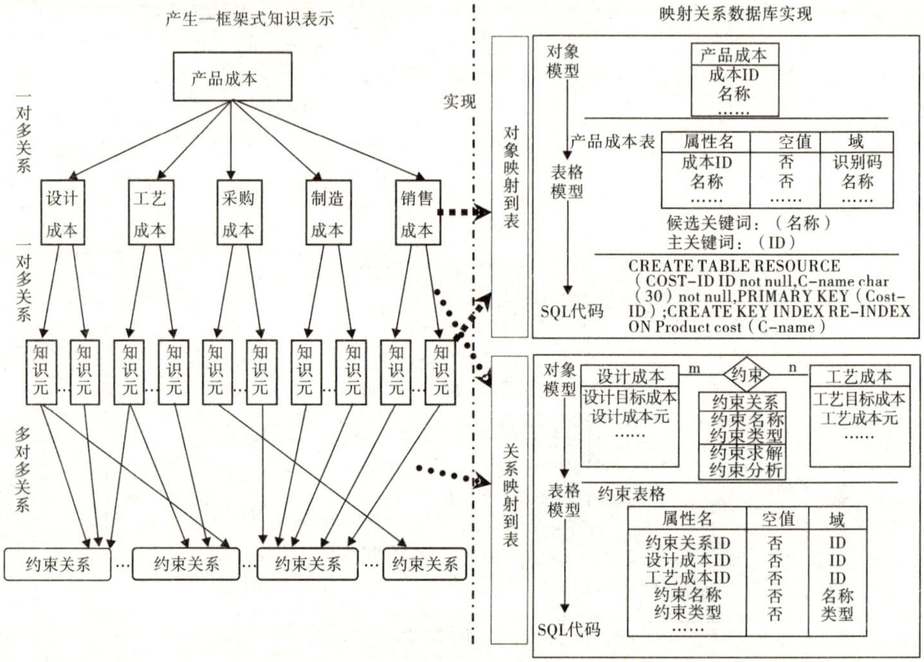

图6－6 成本知识库对象及关系映射实现

对象映射到表的实现：为每一个框架元素（实体、槽、侧面）建立关系数据库表，每张数据库表以相应的业务为属性，同时指定非空为属性主关键词。继承关系通过子项都引用父项的主键作为外键来实现，采用SQL代码创建，建立对主关键词的索引，SQL层把域映射到数据类型。

关系映射到表的实现：不同层次的成本对象间及其约束关系间存在1∶1关系、1∶n关系或n∶n关系，根据符合数据库范式的映射规则将这些关系映射到数据表，从而连接不同成本类。如1∶1关系，在其中一个成本类表中增加另一个属性当外键，内容是所对应的另外一个成本类的主键内容；1∶n关系，在n的成本类表中加上一个外键来关联1方的成本类表的主键；n∶n关系，通过引入一个用以维系两个以上的表的关联表，关联表引入相关各表的主键作为外键与自己联合主键。

二、成本知识的数据库组织

根据以上规则，成本知识的数据库结构如图6－7所示：

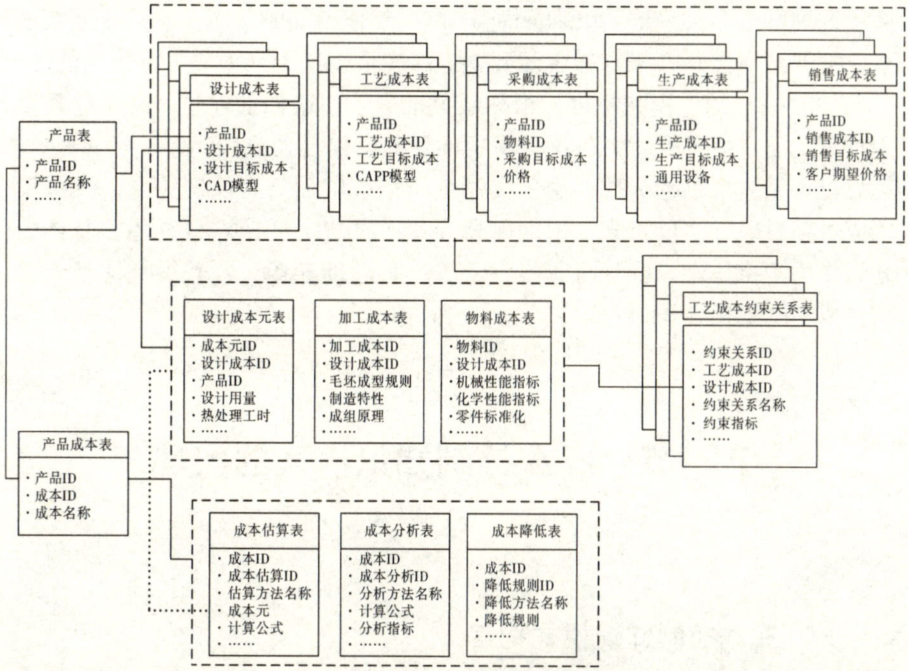

图 6－7　成本知识的数据库结构

所有的成本要素包含于产品成本表中，产品表及其子类映射关联关系由产品 ID 实现；类似地，各产品成本表中成本知识类与成本估算表、成本分析表、成本降低表的关联关系由成本 ID 实现；成本对象间的相互约束关系反映在工艺成本约束关系表中，此表引入成本知识子类的 ID 作为外键，以此来实现相关知识类间的链接。

三、成本知识库推理实现

产生一框架系统的推理过程，实质上就是填槽的操作过程，目前还没有一种普遍推理方法，我们往往会根据问题的特点采取一些灵活变通的方法。

（1）对于一对一关系，如一些侧面中确定的参数，可采用单一框架推理：获取关键属性值，在框架中匹配关键属性值，推出其他非关键属性值。

（2）对于一对多关系或多对多关系，可采用关系框架推理，也称继承性质推理。由 Isa、Ako 和 Instance_of 链找到框架间的父子关系，子框架继承父框架的属性。在子框架中匹配关键属性值，推出其他非关键属性值。

（3）附加动作框架推理，也称精灵推理。在这种推理中，没有设置专门推理机制，而是通过触发框架槽中的过程动作自动执行。

以关系框架推理为例，由于实体类与槽或侧面具有层次关系，故可设置成本项目表、实体类表、槽侧面表，其字段设计如图 6－3 所示。具体的知识作为记录体现。推理时，将三个表进行全部连接，可获得具体某成本项目成本降低的知识结论。

第四节　成本控制知识模式的实现

一、成本控制知识模式构建

通过以上分析，我们构建了以知识库为核心的成本控制知识模式，如图 6－8 所示：

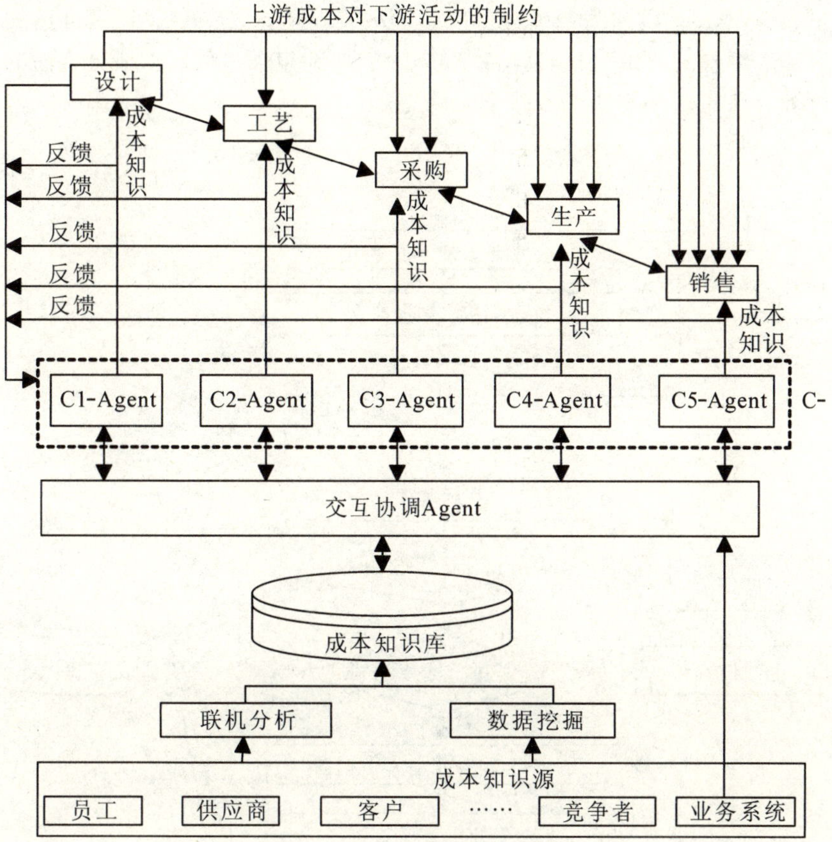

图6-8　成本控制知识模式

二、成本控制知识模式的应用

传统成本管理中的财务人员由于缺乏设计知识，无法将各成本管理工具应用于成本发生的上游阶段；而设计人员处于成本发生上游，却缺乏成本管理意识与方法。成本控制知识模式下，各责任中心的授权用户可利用协同设计平台，在成本作业的各个阶段按需查询，或从业务系统导入信息，利用C-Agent进行推理，必要时可协调Agent消除目标与资源等的相互冲突，从而完成成本估算、成本分析和降低成本过程。成本控制知识模式的应用流程如图6-9所示。

成本估算过程中，用户输入一定条件或从相互联系的业务系统引入数据后，C - Agent 以此为条件进行推理，从成本知识库中寻找到最合适的估算方法。通过成本 ID 可以从成本知识库中找到包含多种成本估算方法的成本估算方法集。用户进一步按要求筛选。

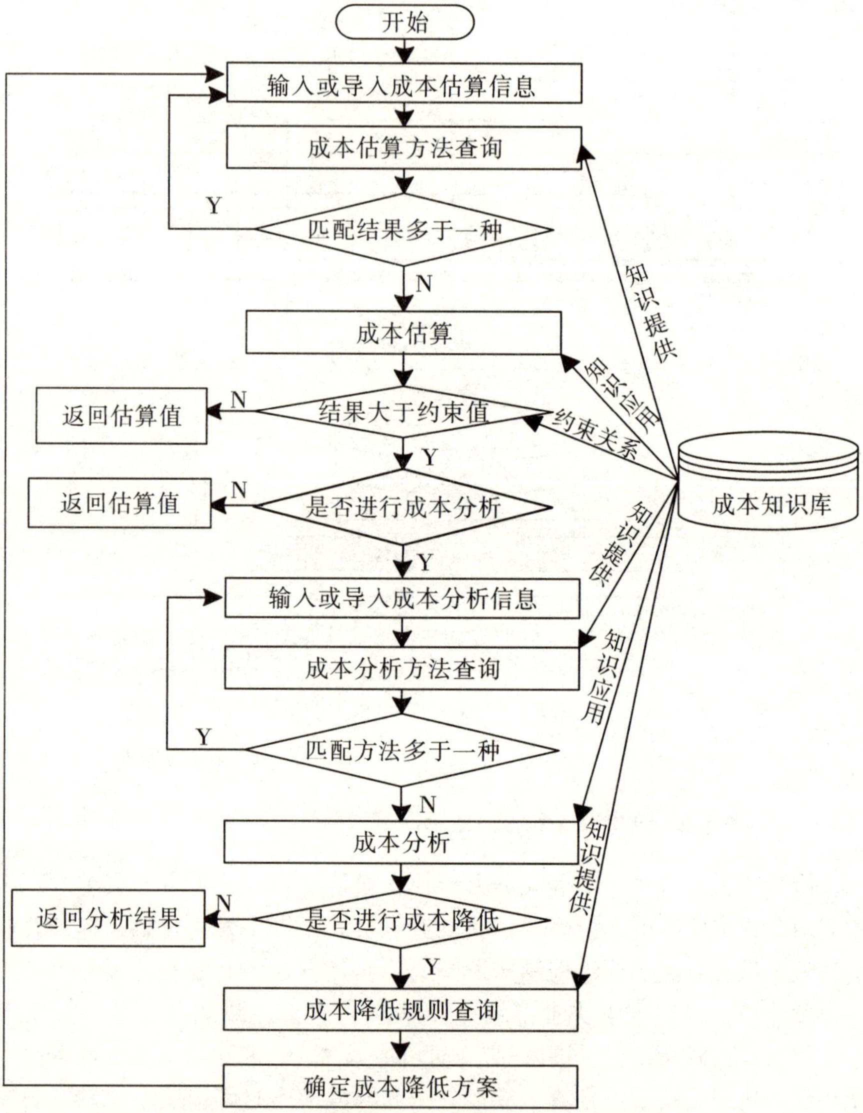

图 6 - 9　成本控制知识模式的应用流程

得到成本估算结果后，C－Agent 首先将结果与成本约束值（其值存储于成本知识库的约束关系表中）进行比较。成本约束值可以由用户输入（如设计阶段的成本约束值一般是目标成本，可以由销售系统输入的订单价格减去财务系统输入的预计利润获取），也可以由 C－Agent 和交互协调 Agent 从业务系统里得到（如生产制造阶段的成本约束值）。

若超出约束范围的估算，则触发成本分析。对应于不同的成本知识类的成本作业阶段中的 C－Agent 都可从成本知识库里快速获取该阶段的分析模型和分析指标。将成本分析的结果返回给设计人员后，设计人员可以从成本知识库里寻找相关降低规则，确定成本降低方案。

成本控制知识模式的核心是成本知识库。成本知识库系统梳理了产品生命周期各成本阶段的零散成本知识构成和成本信息，在协同设计平台上，打破各责任中心的壁垒，将多领域的成本知识互联和共享，提供了多种估算、分析和降低方法。企业内不同领域的用户可利用成本知识库提供多领域的成本知识，发挥知识的协同效应，减少知识不足导致的作业中断或决策失误。此外，各作业阶段的成本控制既是相对独立的体系，可独立进行各阶段成本估算、成本分析和成本降低，也可通过约束关系的联系成为一个控制整体，进行企业级的成本估算、成本分析和成本降低。企业可根据管理需求进行选择，从而提高估算结果和分析结果的精确程度，保证成本降低的可实现性。

本章小结

低成本、高性能是价值工程设计评价的最佳方案。降低成本措施存在于产品生命周期的每一个阶段，而设计阶段是降低产品成本的最佳时机。产品设计阶段在确定产品目标成本和成本估算后，应将估算结果与目标成本进行对比，对于超过目标成本的成本项目，需寻找降低成本的途径。降低成本求解是一个复杂的基于知识的推理过程，如何兼顾技术性与经济性是产品设计过程降低成本的关键。

本章在详细分析成本各项目及约束关系的基础上，提出了产生一框架式的知识表示模式，并从对象与关系映射、推理等方面论述如何在知识库中保证其实现。在此基础上构建了以成本知识库为核心的成本控制知识模式。

第七章

设计阶段成本管理应用实例

本例通过双轴混合机的改型设计体现“目标—作业”成本管理体系引导下的产品设计过程。本例属于单一部件或小批量的装配型机器生产。本例重点阐述了如何进行目标成本的确定及分解，以及成本降低的求解，从而实现低成本设计方案（改型设计或新设计）。

第一节 背景描述

一、问题描述

双轴混合机是某企业主导产品，长期以来都是以四至六个基本部件来进行规模生产，包括连接、预混料进料、出料口等必要的适应性设计。这些必要的适应性设计对产品带来了一些进步，但至今尚未采用或引起根本性变化的设计修正。市场上存在着其他的竞争者提供具有竞争力的金属板混合机。

现有一重要客户要求产品报价优惠20%，否则该客户将自行生产或转向竞争者。客户与市场的需求带来了改型设计的压力，在价格设定时，只有降低成本才能达到客户要求的价格目标。

二、产品描述

（一）公司自有产品：双轴混合机

产品相关数据如下：
体积：1.25m^3
产量（固体）：50m^3/h
驱动力：2×18.5KW
驱动速度：1 500rpm
混合速度：25rpm
尺寸：3 840mm×2 660mm×1 240mm
重量：5 800kg
产品工作原理：混合臂在下1/3处安装了两个平行反向转动的轴来进

行混合而不堵塞。两个平行轴必须同步反向转动。这种混合方法的优点是便于操作，混合质量高。

（二）竞争产品：金属板混合机

产品工作原理：混合臂附在一个垂直的混合轴上，在整个金属板表面进行混合。这种混合方法无法完全达到双轴混合机的混合质量，但由于只采用一个简单的设计（仅需一个轴、一个传动轮）而具有成本优势。为进一步提高混合质量，常常需要附加安装一个搅拌器。

三、项目设计组织规划

因为该项目的重要性，企业确定了问题范畴与完成时间，成立项目组进行混合机的改型设计。项目组核心成员具体包括设计总监、设计工程师、工作流程调度师、成本工程师、采购负责人、装配经理。必要时销售经理与生产经理会参与。该项目组严格按照既定方针制订了项目流程规划，并在之后的设计中起领导协调作用。

第二节 “目标—作业”成本管理实施

一、确定目标成本

此案例中客户要求产品报价降低20%，这只是相应制造成本降低所能达到的近似值，因为制造成本并不是决定价格的唯一因素，且某些流程的制造成本与总成本之间存在着一定偏离（占总成本的20%～50%）。这部分通常不能采用线性推定确定，而是需要将管理费用或其他附加费用进行分配来确定。因此，产品价格与制造成本之间的降低呈不完全线性关系。由于此次设计属于根本性改变，考虑到需预留后期存在的必要修正空间及提高公司盈利水平等因素，管理层将成本降低目标定为30%，即总成本为558 600￥。

（一）通过订单讨论确定总目标成本

在单件或小规模生产中，从制造商给客户提供报价开始订单讨论，这是确定客户需求及目标价格与目标成本的基本方法之一。订单讨论并非个人与客户进行简单讨论，而通常是一个长时间的咨询与讨论过程。

一般而言，客户从竞争企业中获得或多或少具有比较性的报价，客户根据自己的策略制定标准，将各竞争企业的产品性能、质量与价格进行比较。

以客户需求为导向，对各竞争产品进行技术性与经济性的比较，并以表格形式加以确定。关于竞争产品的性能可根据调查或外部开放信息获得，如表7－1所示：

表7－1　1.25 m^3混合机性能比较列表

性能	金属板混合机	双轴混合机
搅拌质量	好 （无搅拌器，受材料粗糙性限制）	非常好 （适应所有颗粒大小）
搅拌时间	60s	60s
安装空间	φ＝2 800mm，h＝1 400mm （直径φ大，净空高度较小）	3 800mm×2 700mm×1 700mm
能量需求	－0.6kWh/m^3 （若有搅拌器则多30%）	0.6kWh/m^3
磨损成本 （随混合使用加速）	5.4￥/m^3 （若有搅拌器则更多）	3.6￥/m^3 （1.5m/s）
维护与修理的容易性	混合器较好，传动轮（在下面）不好	好
使用寿命	8年至10年	15年至20年
工厂价格（包税）	804 000￥ （搅拌器36 000～48 000￥）	1 140 000￥

在订单讨论中，客户认识到双轴混合机比金属板混合机性能更优（双轴混合机质量更好、易维护、使用寿命更长），虽然双轴混合机购买价格

较高，但综合较低的磨损成本后，二者的盈亏平衡点一年后可达到一致。经营与维护成本可不考虑，因为二者的生产模式是相同的。因此，客户决定购买双轴混合机。

（二）确定全生命周期目标成本

就客户角度而言，销售价格与磨损成本是既定的目标成本。可从以下的估算中获得相关决策信息（未考虑资金利息），图解见图7-1：

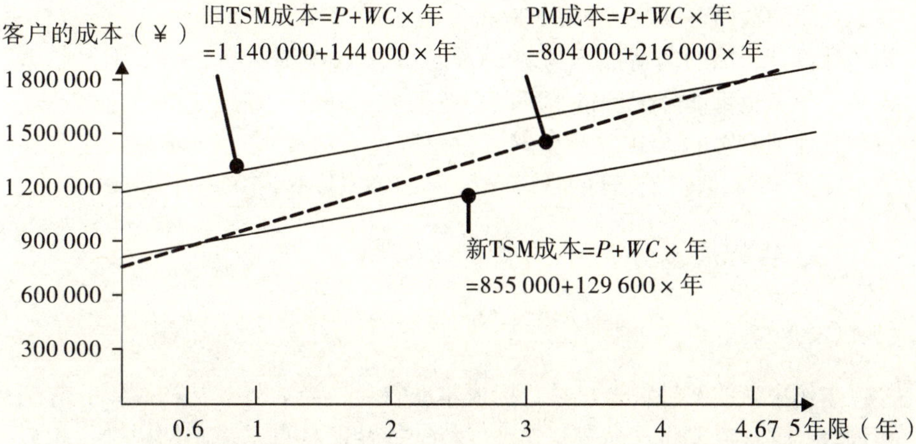

图7-1　新旧双轴混合机（TSM）与金属板混合机（PM）达到盈亏平衡的时间

从客户角度计算旧的双轴混合机（TSM）与金属板混合机（PM）相比，达到盈亏平衡点的时间。

P：价格　WC：磨损成本

ΔP = 1 140 000 ¥ - 804 000 ¥ = 336 000 ¥

在每年使用量为40 000 m^3时，

WC_{TSM} = 40 000 m^3/年 × 3.6 ¥/m^3 = 144 000 ¥/年

WC_{PM} = 40 000 m^3/年 × 5.4 ¥/m^3 = 216 000 ¥/年

ΔWC = 216 000 ¥/年 - 144 000 ¥/年 = 72 000 ¥/年

达到盈亏平衡点时间：$\Delta P/\Delta WC$ = 336 000 ¥/72 000 ¥/年 = 4.67年

为使达到盈亏平衡点的时间降至1年内，制造成本（MC）需降低25%，磨损成本（WC）需降低10%，即3.6 ¥/m^3 ×（1 - 10%）= 3.24 ¥/m^3。

新 TSM 价格：P_{TSMnew} = 1 140 000 ¥ × 0.75 = 855 000 ¥

新 TSM 与 PM 差价：ΔP = 855 000 ¥ − 804 000 ¥ = 51 000 ¥

新 TSM 磨损成本：WC_{TSMnew} = 40 000 m^3/年 × 3.24 ¥/m^3 = 129 600 ¥/年

新 TSM 与 PM 磨损成本差：ΔWC = 216 000 − 129 600 = 86 400 ¥/年

新的盈亏平衡点时间：$\Delta P/\Delta WC$ = 51 000 ¥/86 400 ¥/年 = 0.6 年

这样，将达到盈亏平衡点的时间控制在一年内的目标可以达到，企业采用成本加成定价法，制造成本占销售价格的 70%，则全生命周期目标成本为：855 000 ¥ × 70% = 598 500 ¥。

原设计产品的制造成本为 798 000 ¥，降低比例达到 25%。但是，考虑到竞争者也可能降低价格，所以企业的成本降低水平应定高不定低，经过与其他即方案的 AHP 法评价（评价过程见第四章），企业最后决定目标成本降低 30%，即新设计的目标成本为：798 000 ¥ × 70% = 558 600 ¥。

二、目标成本分解

（一）成本结构分析

本例中新的双轴混合机总目标成本获得后，尚需将其从产品级分解到零件级。这样需要将产品按其外观、特征等性能特点与成本结构进行相似的分解。

成本分析中除了目标成本分解外，寻找成本降低潜力及替代方案也是不可忽视的一部分。本企业内部分析对象产品及相似产品，与竞争产品的资料同样重要。尽管不是所有的成本降低潜力方案都会被采用，但每个零部件对成本降低潜力的贡献都需确认。成本降低替代方案中，与成本设计相关的设计由总监负责，与生产相关的由生产经理负责，与采购相关的由采购经理负责。项目组组长对整个项目的成败负责。

图 7－2 描述了旧的双轴混合机的装配件成本结构。

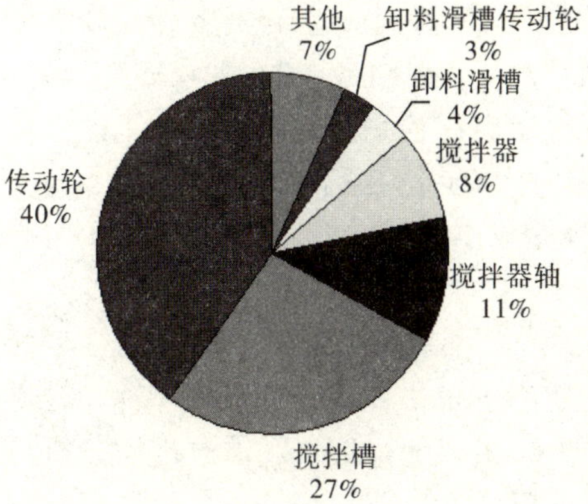

组件	成本（¥）	占总成本的比重（%）
传动轮	319 200	40
搅拌槽	215 460	27
搅拌器轴	87 780	11
搅拌器	63 840	8
卸料滑槽	31 920	4
卸料滑槽传动轮	23 940	3
其他	55 860	7

图 7－2 双轴混合机（旧）的成本结构

从图中明显可见，对成本影响显著的 A 类装配件为传动轮（成本结构中占 40%）和搅拌槽（成本结构中占 27%）。总的制造成本为 798 000 ¥，第一次尝试时可将必要的成本降低额度分配到重要的 A 类装配件上，确定子目标成本。

总制造成本：798 000 ¥ ×70% =558 600 ¥

装配件 1 传动轮：319 200 ¥ ×70% =223 440 ¥

装配件 2 搅拌槽：215 460 ¥ ×70% =150 822 ¥

其他装配件属于对成本影响相对较小的 B 类与 C 类零件，此处暂不考虑。

（二）按客户功能需求分解目标成本

装配式生产模式下按客户要求的特性将目标成本进行分解是有必要的，但在连续式生产模式下不是很必要。本例产品属于装配式生产，因此尽量确认产品中哪些是属于客户需要的主要功能特性，哪些是次要的，以寻找到降低成本的空间。目标成本的分解与分配中重要的不是精确，而是是否可识别成本的中心点。分配的权重系数需要市场部门、产品开发部门、生产部门、服务部门等多方进行多次协调确定。

首先，确认对客户而言最重要的功能，如表 7－2a 所示。表中所列功能是从客户角度考虑的，与方案设计中的功能可能有所区别，这些功能不宜划分过细过多，否则计算与表格会显得不够清晰。

根据图 7－2 所示的旧设计的成本结构，表 7－2b 列出了与各项客户需求功能联系的装配零部件装配比例。在表 7－2c 中，客户需求的主要功能评价系数（表 7－2a）乘以实现各项功能的零部件装配比例（表 7－2b），最后的总数体现了客户对零部件功能需求的评价系数。理论上，总的目标成本可以根据客户需求的功能评价权重分解至各装配件或零部件，并与实际成本进行对比，进行价值分析与目标成本系数分析，如表 7－2d 与表 7－2e所示。

将各装配件的目标成本除以实际成本，可得到目标成本指数。在目标成本控制分析图中（图 7－3），实际成本占总目标成本比重为 x 轴，客户需求的功能评价系数为 y 轴，可于图上绘出装配件的点。通过价值分析与目标成本系数分析，可以确定何种零件需要降低成本。

表 7－2 根据客户功能需求进行目标成本分解

a）客户需求的主要功能评价系数										
		搅拌质量	搅拌时间	安装空间	能量需求	磨损成本	维护与修理的容易性	使用寿命	超载容量	合计
功能		F1	F2	F3	F4	F5	F6	F7	F8	
总功能评价系数		0.26	0.24	0.15	0.10	0.08	0.10	0.02	0.05	1
b）实现各项功能的装配件										
传动轮	As1	20	20	30	50		10	20	40	
搅拌槽	As2	30	20	50	10	50	20	10	10	
搅拌器轴	As3	10	10	5	10	10	10	30	10	
搅拌器	As4	30	30		25	30	50	30	40	
卸料滑槽	As5	5	10			5	4	5		
卸料滑槽传动轮	As6		5	5	5	5	4	5		
其他	As7	5	5	10			2			
合计（%）		100	100	100	100	100	100	100	100	
c）各装配件的功能评价系数＝总功能评价系数×装配比例										
总功能评价系数		0.26	0.24	0.15	0.10	0.08	0.10	0.02	0.05	1
传动轮	As1	5.2	4.8	4.5	5	0	1	0.4	2	22.9

（续上表）

搅拌槽	As2	7.8	4.8	7.5	1	4	2	0.2	0.5	27.8
搅拌器轴	As3	2.6	2.4	0.75	1	0.8	1	0.6	0.5	9.65
搅拌器	As4	7.8	7.2	0	2.5	2.4	5	0.6	2	27.5
卸料滑槽	As5	1.3	2.4	0	0	0.4	0.4	0.1	0	4.6
卸料滑槽传动轮	As6	0	1.2	0.75	0.5	0.4	0.4	0.1	0	3.35
其他	As7	1.3	1.2	1.5	0	0	0.2	0	0	4.2
合计（%）		26	24	15	10	8	10	2	5	100

d）确定价值系数

总目标成本 = 558 600 ¥		零件功能评价系数（%）	实际成本系数（%）	价值系数	评价
传动轮	As1	22.9	40	0.57	成本比重大于功能比重，需降低成本
搅拌槽	As2	27.8	27	1.03	功能成本合理
搅拌器轴	As3	9.65	11	0.88	成本比重大于功能比重，需降低成本
搅拌器	As4	27.5	8	3.44	功能重要性远大于成本比重，需提高性能
卸料滑槽	As5	4.6	4	1.15	功能成本较合理
卸料滑槽传动轮	As6	3.35	3	1.12	功能成本较合理
其他	As7	4.2	7	0.60	成本比重大于功能比重，需降低成本

e）确定目标成本指数

总目标成本 = 558 600 ¥		零件功能评价系数（%）	部件目标成本（¥）	实际成本（¥）	实际成本/总目标成本（%）	目标成本指数	评价
传动轮	As1	22.9	127 920	319 200	57.14	0.40	偏高
搅拌槽	As2	27.8	149 705	215 460	38.57	0.69	偏高

（续上表）

总目标成本 = 558 600 ¥		零件功能评价系数（%）	部件目标成本（¥）	实际成本（¥）	实际成本/总目标成本（%）	目标成本指数	评价
搅拌器轴	As3	9.65	53 905	87 780	15.71	0.61	偏高
搅拌器	As4	27.5	148 029	63 840	11.43	2.32	偏低
卸料滑槽	As5	4.6	25 696	31 920	5.71	0.81	偏高
卸料滑槽传动轮	As6	3.35	18 713	23 940	4.29	0.78	偏高
其他	As7	4.2	23 461	55 860	10.00	0.42	偏高

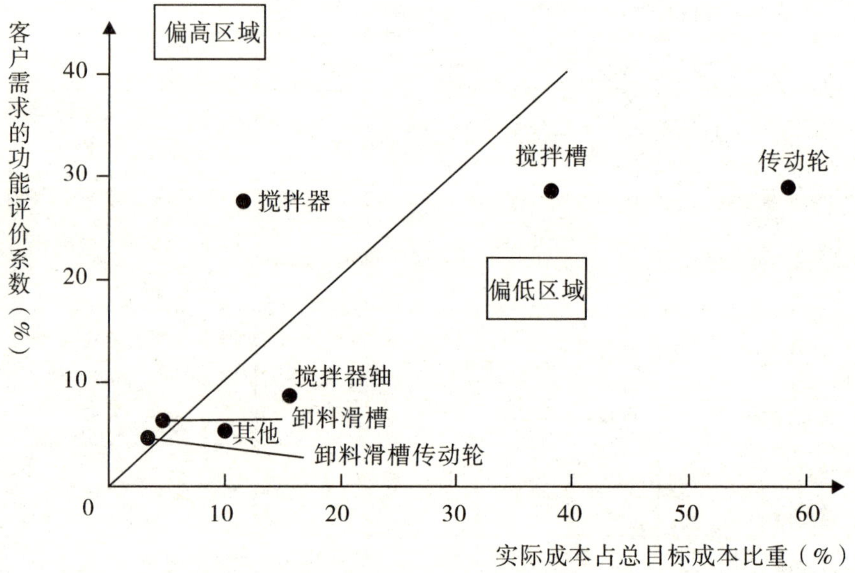

图 7-3 目标成本控制分析图

三、子件目标成本确定及评价

项目组以材料成本、装配成本、维修成本等为投入域，以具有相应功能产品设计的销售收入、市场占有率的期望收益指标为产出域，采用 DEA 法（详见第四章）进行了功能与成本矛盾决策的评估。而各装配件的目标成本可能仍需修正，因为某些部件的成本降低目标可能无法达到，而另一些装配件的成本可能降低得更多。如传动轮的目标成本按客户需求是127 920￥，但通过功能分析无法达到。项目组实行修正程序，重新进行概念设计或功能分析，最终在考虑其他功能相互制约的前提下，确定其目标成本应比现在降低36%，约为204 600￥，虽未能满足客户需求，低于整个产品成本降低的线性要求（整个产品需降低30%，传动轮的目标成本为223 440￥），但对产品级目标成本实现作出了贡献，而且明显更具现实性。其他的装配件可采用类似的过程获得更具现实性的目标成本。为实现各装配件的目标成本，管理上需明确责任：改变传动机工作原理由设计总监负责，寻找更适合的供应商由采购经理负责。

最后通过考虑竞争产品对比、功能分析、客户需求分析等多方面因素得出的目标成本，如表7－3所示：

表7－3　子件目标成本

双轴混合机（TSM）装配件	TSM 实际成本（￥）	TSM 子件比重（%）	TSM 实际成本按比重线性降低30%（￥）	竞争品：金属板混合机（PM）实际成本降低30%（￥）	客户要求目标成本（￥）	经功能评价确定的TSM 子件目标成本（￥）	成本降低要求（%）
传动轮	319 200	40	223 440	192 000	127 920	204 600	36
搅拌槽	215 460	27	150 822	162 000	149 705	129 600	40
搅拌器轴	87 780	11	61 446	60 000	53 905	76 500	13
搅拌器	63 840	8	44 688	48 000	148 029	56 400	12
卸料滑槽	31 920	4	22 344	30 000	25 696	25 800	19
卸料滑槽传动轮	23 940	3	16 758	22 800	18 713	20 400	15
其他	55 860	7	39 102	48 000	23 461	45 300	19

上述子件目标成本仍处于不停变化中，不能理解为一个准确的数值，而应是一个经过加权的近似估价，是一种有效性分析，是失效模式与影响分析。在后续过程中，不能忽视标准化模块各方面的比较过程。

第三节 利用知识管理寻找解决方案

一、成本结构分析

本例仅对最重要的部件——传动轮进行分析，其他零件分析过程相似。

功能描述：传动轮将速度为 1 500rpm 的电子马达转化为转矩带动速度为 25rpm 的反向旋转连接轴。其工作平台包括传动轮与搅拌槽。

成本结构：传动轮的组成零件及实际成本结构如图 7 – 4 所示：

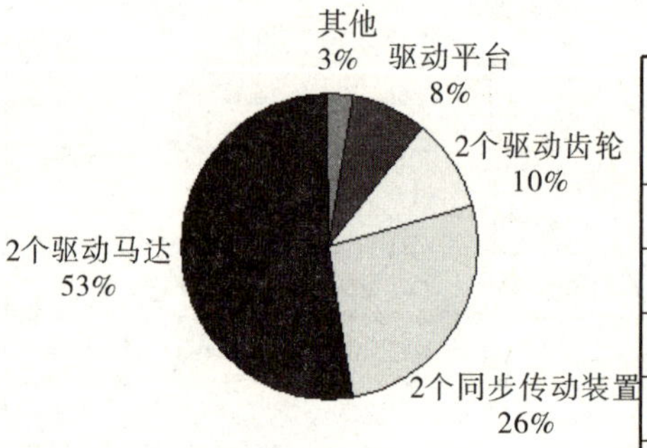

组件	成本（￥）	结构（%）
其他	9 000	3
驱动平台	26 400	8
2 个驱动齿轮	31 200	10
2 个同步传动装置	84 000	26
2 个驱动马达	168 600	53

图 7 – 4 传动轮的组成零件及实际成本结构

二、寻求成本降低过程

经过更精确的分析后，项目组针对重要的成本降低点，提出了问题并寻求可行的替代方案：

（1）驱动平台成本偏高：是否确实需要？是否存在其他技术解决方案？（如可否采用无驱动平台的自支撑的设计）

（2）同步传动装置成本非常高：可否采用外购或其他设计或工作原理

进行替代？（如可否采用其他的驱动装配件）

（3）驱动马达成本非常高：可否购买其他配件进行替代？有无其他供应商？同步装置可否整合？

（4）产品调查研究：有无可利用的可能性？除了小批量生产，特定部件是否由连续生产制造出来？新的投资可否创造替代方案？

（5）可否从内部制造改为外购？

产品设计师通过知识库寻找上述各种问题的解决方案，如对于驱动平台成本过高的问题，在知识库中搜寻到如表 7－4 所示的技术解决方案：

表 7－4　知识库中低成本形状设计规则（部分）

成本控制规则	形状设计规则		
	设计规则描述	不好的	好的
减少零件装配数	省略零件矩形盖或圆形盖	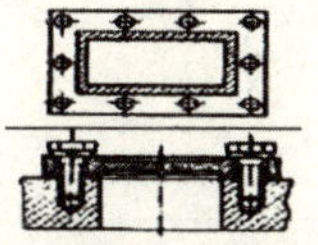	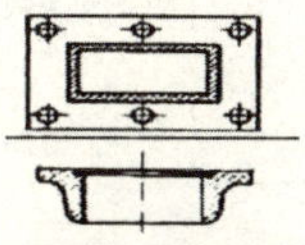
	合并零件（整体设计）	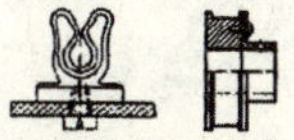	
	使用预装配的及独立的可测试的半成品	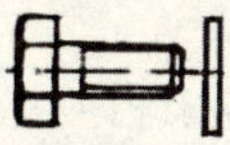	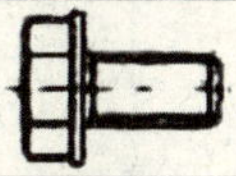
	使用统一的零件（同样的零件、采购件）	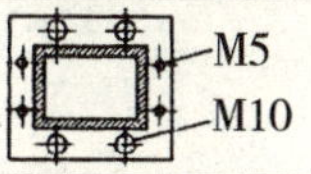	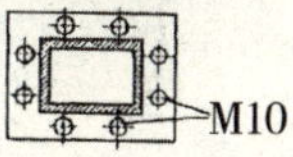
	使用不同的独立装配操作（距离短、直线运动、尽可能同一方向）	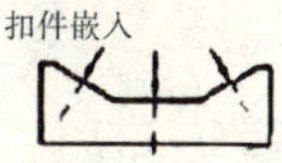	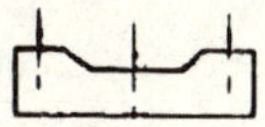
	……		

在寻求技术解决方案的同时，项目组中的产品计划与成本计算部门也在协同工作，同步估算出各种技术方案的制造成本（*MC*）。TSM 成本降低求解记录表如图 7－5 所示。这样能尽可能地减少反馈控制系统的多方需求信息的循环，保证设定的成本目标达到。

双轴混合机（TSM）装配件	TSM 子件目标成本（¥）	成本降低要求（%）	成本降低措施	责任
传动轮	204 600	36	其他工作原理设计	设计
搅拌槽	129 600	40	焊接设计	设计、生产
搅拌器轴	76 500	13	简化	设计
搅拌器	56 400	12	生产优化	生产
卸料滑槽	25 800	19	简化	设计
卸料滑槽传动轮	20 400	15	简化	设计
其他	45 300	19	简化	设计

由于篇幅原因，此处仅截取部分表格，省略了失败的数据结果。实践中可以采用计算机寻求成本降低解，用此表记录各步求解结果

此处省略了寻求成本降低过程

TSM 标准成本（¥）	达到的成本降低比率（%）	新措施	责任
228 000	29	其他供应商	采购
138 000	36	生产优化	生产
70 980	19	达到目标	
60 000	6	生产优化	生产
20 400	36	达到目标	
20 400	15	达到目标	
46 800	16	达到目标	
584 580	27		

TSM 标准成本（¥）	达到的成本降低比率（%）
190 200	40
108 000	50
70 800	19
50 400	21
20 400	36
20 400	15
46 800	16
507 000	36

图 7－5　TSM 成本降低求解记录

为使传动轮最大限度地降低成本，项目组进行了多种实施方案（新概念、新设计）的寻找及设计工作。最终图 7－6 列示了传动轮的 5 种满足需求的可能方案。方案 5 为最佳选择（其他装配件情况：自设计搅拌槽，省略了驱动平台，搅拌器变轻变小）。涡轮轴上以 V 带滑轮驱动，与可调节

耦合保持同步。电子马达通过夹具直接安装于搅拌槽上。搅拌槽采用了完全焊接设计，搅拌器轴上的镗孔铣刀改为嵌入式焊接轴承。需指出的是，涡轮的损耗需增加近 20% 的动力需求。

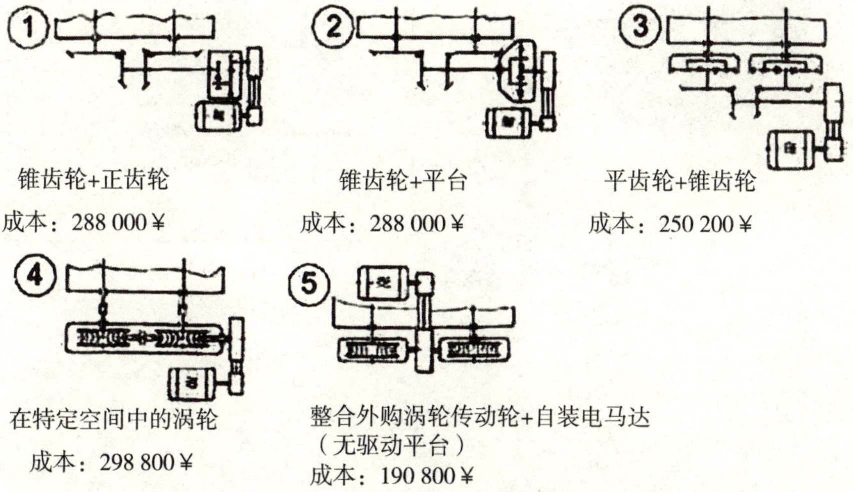

图 7－6　传动轮成本降低解决方案

其他 TSM 组件的成本降低的求解过程与传动轮计算过程类似，采用计算机进行成本降低求解，输入一些已知参数（如零部件实际与目标成本），及时补充一些可获得的补充参数，适当调整成本结构比例，根据每一步结果寻找合理的降低措施并填入表格，再进行下一步求解过程。这样可以快速明确哪些配件目标成本已达到，哪些未达到，以采取进一步的措施。直到项目结束，该表一直处于更新状态。具体各装配件成本结构如图 7－7 所示：

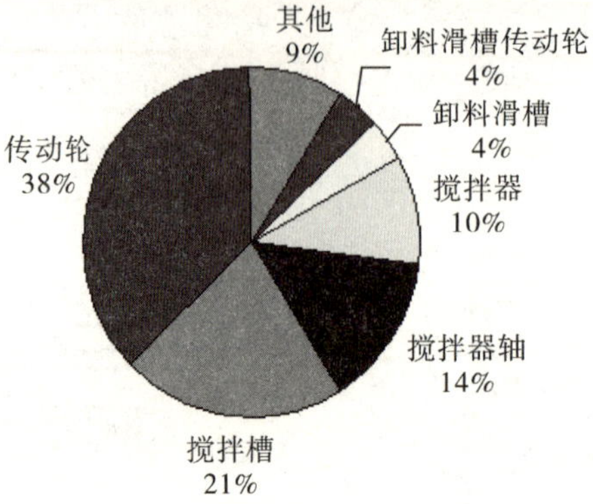

组件	成本（¥）	结构（%）
传动轮	190 200	38
搅拌槽	10 800	21
搅拌器轴	70 800	14
搅拌器	50 400	10
卸料滑槽	20 400	4
卸料滑槽传动轮	20 400	4
其他	46 800	9

图 7－7　双轴混合机（新）的成本结构

第四节　设计方案实现

设计中还有一些对制造成本影响很小的改变，如并列轴（±0.5mm）使用固定焊接设计时必须使用夹具，夹具的成本也应包含在制造成本计算中。尺寸的改变适用于整条生产线，对于较大的双轴混合机，需要两个驱动马达。

在测试中发现，因涡轮对震动不敏感，故搅拌槽与混合机允许 25% 的超负荷运行，从而达到更高的效能。由此涡轮驱动需更高的能量成本补偿。

以目标成本引导设计的最终产品更小、更轻便（重量是原产品的 83%）、更便宜（成本是原产品的 64%）。新产品与原产品的比较如图 7－8 所示。除此之外，新产品比原产品的产能提高了 125%，噪音小（因为采用涡轮），更易维护。基本的设计成本降低非常有效，这使整个产品生产线至少能降低 20% 的成本。由此，多部门协同合作的项目组领导下的、在目标成本引导下的双轴混合机的建设性再设计，取得了完全的成功。在各部门密切配合下，通常需要 18 个月的设计时间可缩短到 8 个月。

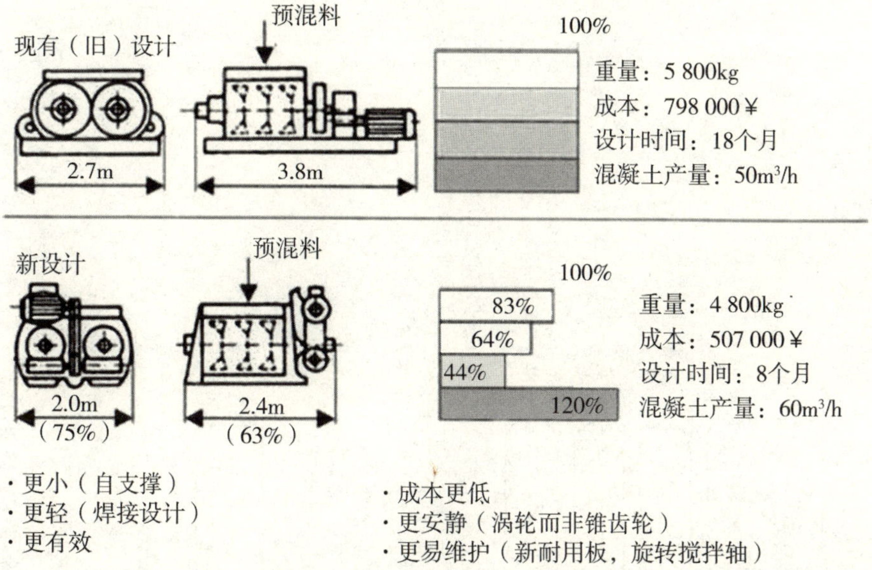

图 7－8　新旧产品比较图

第五节　总结及结论

图 7－9 概括描述了设计过程及顺序。根据各装配件的重要性，对新设计中 A 类和 B 类装配件进行相对准确的成本计算，而对 C 类装配件则进行相对粗略的成本估算。项目组定期或不定期地报告项目的执行情况及方案，若特定装配件的成本目标无法达到，项目组组织人员进行重新设计与计算或采用别的方法，直到目标成本达到。

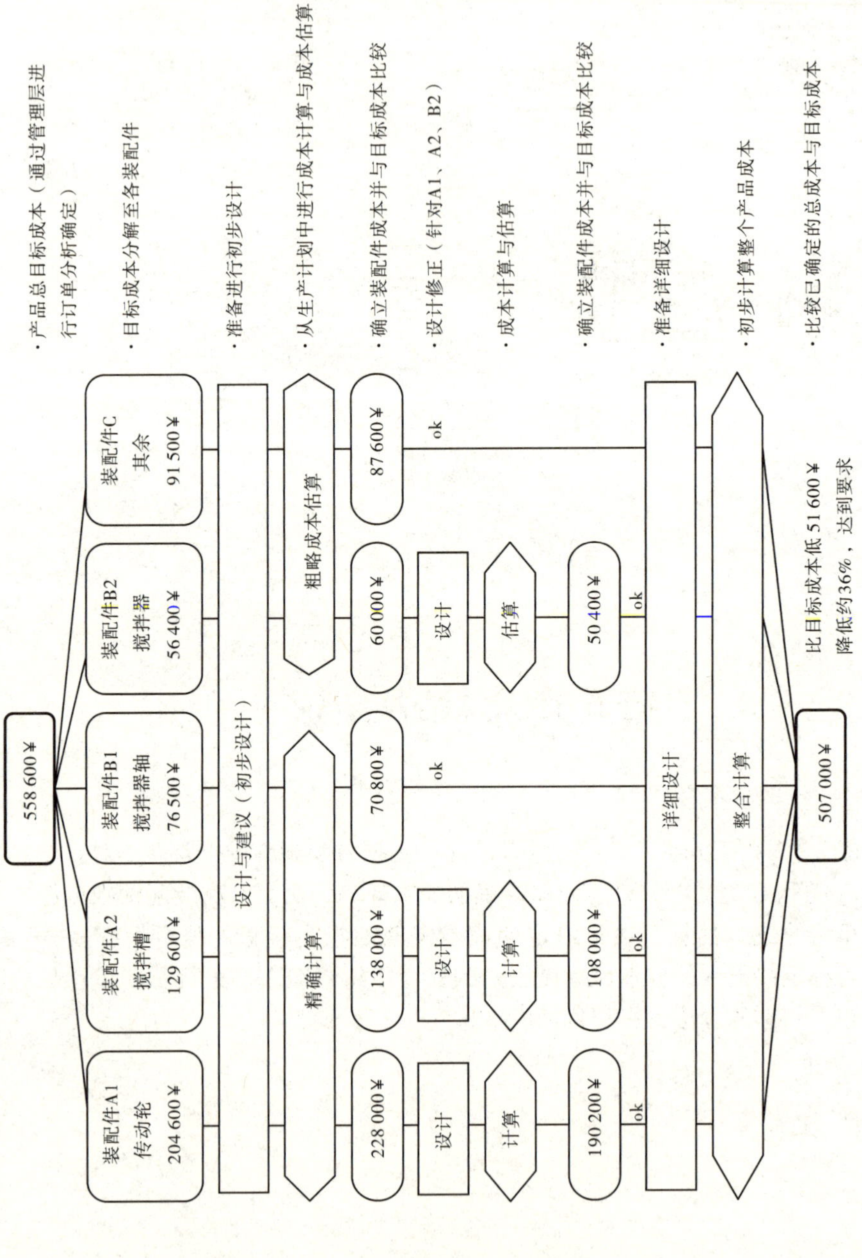

图7-9 产品设计全阶段成本管理过程

第八章

结束语

一、总结

产品设计过程中，不仅需要工程技术领域的理论与实践知识，还需要将会计学方面基于全生命周期的战略成本管理及成本企划思想筑入产品设计过程，并用以指导产品设计，实现工程与成本管理的高度融合与统一。本书以并行工程与成本企划为理论基础，结合工程设计方面的理论与知识，将会计学中目标成本管理与作业成本管理的思路融合到机械产品设计的各个过程中，提出了并行工程与协同设计环境中支持机械产品设计全过程的“目标—作业”成本管理理论框架体系；建立了产品级与功能级两层目标成本确定及评价反馈模型；通过影响成本的各项因素分析及流程分析，明确了成本控制重点并提出了低成本的形状设计规则，从而实现目标成本的求解；采用产生—框架式知识表示方法，构建了基于知识管理的降低成本决策支持体系。

本书所做的主要工作和创新之处包括：

（1）在探讨的成本企划与作业成本融合的理论基础上，本书提出了适合产品设计阶段的“目标—作业”成本管理体系，以此为指导，以各种设计工程技术方法为支持模块，提出了支持产品设计全过程的成本管理框架体系。全书在此框架体系内，结合不同的产品设计阶段，进行目标成本设定、目标成本分解、成本筑入、成本优化与分析成本管理的详细论述。

（2）本书提出以目标成本为导向进行产品设计，主要在并行工程的基础上，分析产品生命周期成本特性，解决在成本信息不多情况下，确定及评价产品级目标成本的问题，并采用层次分析法（AHP 法）对确定的目标成本作出初步评价。

随着功能模块的划分同步进行目标成本的分解，功能性目标、品质性目标、知识性目标、设计过程目标、成本目标等各种目标相互共享并相互冲突，尤其是功能性目标、品质性目标与成本目标控制方面存在着必然矛盾。采用数据包络分析法（DEA 法）对功能模块划分进行成本评价，可以客观评价功能模块的产出效益与成本项目投入的相对关系，且投影 DEU 可提供改进的手段，为解决功能目标与成本目标的冲突提供了可行的解决方案。

（3）影响产品成本的细节因素非常多，本书仅从产量、体积、尺寸与材料四个因素对准备成本和材料成本的影响进行了详细分析，建立一个量化的模型，从原型产品的原有成本结构推导出改型产品的新的成本结构，以利于寻找成本降低的重点。通过定性或定量分析其影响成本的原因，总结出产品设计中进行成本控制的一般性规则。零件生产工艺流程的选择以及装配对加工成本有很大的影响，故本书以铸造这种最典型的成型工艺来论述如何进行加工工艺成本分析及设计规则，这种思路在各种工艺成本分析中是适用的。同时本书从装配的基本流程分析入手，关注影响装配成本的要素与技术环节，并依此总结了低成本的形状设计规则及相关技术与组织措施。

（4）本书在详细分析成本各项目及约束关系基础上，提出了产生—框架式知识表示模式，并从对象与关系映射、推理等方面论述如何在知识库中保证其实现。在此基础上构建了以成本知识库为核心的成本控制知识模式。

二、展望

本书的研究为成本管理前溯至成本设计阶段提供了基本的框架与思路，具有一定的理论先进性和应用指导价值，但本书给出的仅是一个理论上的成本管理框架，重点在于目标成本设立及分解，分析影响成本的设计过程、因素及提出相关的形状设计规则，并以知识库形式实现。关于以作业为基础的成本估算、知识的数据库组织、企业 ERP 系统集成和其他相关技术都较为复杂，知识的推理机制也尚需验证和进行进一步研究。本产品设计阶段的成本管理涉及大量工程设计方面的专业知识，这是笔者研究的困难所在，也是未来研究努力的方向。

参考文献

［1］A C THORNTON. Variation risk management using modeling and simulation. Journal of mechanical design（ASME），1999，121（297）.

［2］MICHAELS J V，W P WOOD. Design to cost. New York：John Wiley & Sons，1989.

［3］DEAN E R，R UNAL. Designing for cost. Transactions of the American Association of Cost Engineers，35th Annual Meeting，Seattle WA，June 23－26，1991.

［4］R UNAL，DEAN E R. Design for cost and quality：the robust design approach. Journal of parametrics，1991，11（1）.

［5］DEAN E B，UNAL R. Elements of designing for cost. Proceedings of AIAA 1992 Aerospace Design Conference，Irvine CA，February，1992.

［6］BOOZ ALLEN，HAMILTON INE. 美国系统工程管理．王若松，章国栋，阮镰，郁士光，译．北京：北京航空航天大学出版社，1991.

［7］阮镰，章国栋．工程系统的规划与设计．北京：北京航空航天大学出版社，1991.

［8］J CORBELL，T R CROOKALL. Design for economic manufacturing. Annuals of the CIRP，1986，35（1）.

［9］陈晓川，等．面向成本的设计的关键技术及其概念模型．大连理工大学学报，1999，39（6）.

［10］张暴暴．制造产品报价及其智能集成系统研究．大连：大连理工大学，1999.

［11］陈晓川，刘晓兵，张暴暴，冯辛安．面向并行工程的 DFC 与 DTC 辨析．机械科学与技术，2000，19（4）.

［12］TANDON，MRIDUL. An integrated design decision system for optimum life－cycle cost with emphasis on constraint management. Gainesville：University of Florida，1993.

[13] S O ATOLAGBC. Design to cost: a guide model. International Conference on Engineering Design (ICED91), Zurch, 1991.

[14] BURMAN, DEEPAK. Design to cost approach to product design. Proceeding of the 1998 42th Annual Meeting of AACE International, 1998.

[15] W CHEN, C YUAN. A probabilistic – based design model for achieving flexibility in design. Journal of mechanical design, 1999, 121 (77).

[16] A C TORNTON. Variation risk management using modeling and simulation. Journal of mechanical design, 1999, 121 (297).

[17] L H SHU, W C FLOWER. Reliability modeling in design for remanufacture. Journal of mechanical design, 1998, 120 (620).

[18] LAWRENCE ZITNICK C, TAKOEO KANADE. A cooperative algorithm for stereo matching and occlusion detection. IEEE trans on PAMI, 2000, 22 (7).

[19] MILEHAM A R, CURRIE G C, MILES A W, et al. A parametric approach to cost estimating at the conceptual stage of design. Journal of engineering design, 1993, 4 (2).

[20] DEAN TING P – K, ZHANG C, WANG B, et al. Product and process cost estimation with fuzzy multi – attribute utility theory. The engineering economist, 1999, 44 (4).

[21] FARINEAU T, RABENASOLO B, CASTELAIN J M, et al. Use of parametric models in an economic evaluation step during the design phase. International journal of advanced manufacturing technology, 2001 (17).

[22] BODE J. Neural networks for cost estimation. Cost engineering, 1998, 40 (1).

[23] KIRITSIS D, NEUENDORF K P, XIROUCHARIS P. Petri net techniques for process planning cost estimation. Advances in engineering software, 1999, 30 (6).

[24] 胡树华．功能参数与设计成本的关联分析．机械设计，1993 (4).

[25] 杨青，胡树华，王丽燕，章晋文．机械加工工艺成本优化研究．武汉汽车工业大学学报，1996 (4).

[26] 罗佑新，郭惠昕，张龙庭，蔡安辉．基于产品功能参数的灰色成本估计．机械设计，2002 (7).

［27］戴若夷．面向大规模定制的广义需求建模方法与实现技术的研究及应用．杭州：浙江大学，2004.

［28］刘培德．价值工程在机械制造工艺中的应用．价值工程，2001（2）．

［29］胡树华，张治河，覃家君．价值工程的创新本质与发展．价值工程，2000（1）．

［30］胡艳营，师忠秀，程强．基于价值工程的机械产品创新设计对象的确定．机电工程技术，2006（6）．

［31］HSIAO，SHIH – WEN. Integrated concurrent engineering based approach for electric – fan design. Integrated computer – aided engineering，1999，6（3）．

［32］厉正平，潘双夏，冯培恩．产品成本估算策略及降低成本的设计方法研究．中国机械工程，1995，6（6）．

［33］G. 帕尔，W. 拜茨．工程设计学．冯恩培，译．北京：机械工业出版社，1992.

［34］ATILA ERTAS，JESSE C JONES. The engineering design process. Richmond：Hamilton Printing Company，1993.

［35］A R MILEHAM，G C CURRIE. A parametric approach to cost estimating at the conceptual stage of design. Journal of engineering design，1992，4（2）．

［36］董仲元，蒋克铸．设计方法学．北京：高等教育出版社，1991.

［37］黄纯颖．工程设计方法．北京：中国科学技术出版社，1989.

［38］BODE J. Neural networks for cost estimation. Cost engineering，1998，40（1）．

［39］DEAN TING P – K，ZHANG C，WANG B，et al. Product and process cost estimation with fuzzy multi – attribute utility theory. The engineering economist，1999，44（4）．

［40］G PAHL，W BEITZ. Engineering design. Berlin：Springer – Verlag Press，1988.

［41］CHEN TOM，KIM VON – KYONG. IC Manufacturing test cost estimation at early stages of the design cycle. Microelectronics journal，1999，30（8）．

［42］CAKIR，M CEMAL，et al. Development of a knowledge – based expert system for solving metal cutting problem. Materials and design，2006（10）.

［43］吴钊，项经猛．一种专家系统模糊解释器的设计与实现．计算机工程，2005（3）.

［44］孙旭霞，李生民，石争浩，田昌会．水平连铸工艺参数优化设置专家系统．计算机工程，2005（7）.

［45］刘兆君，宋燕鸣．机械设计专家系统中知识的表示方法．煤炭技术，2004（6）.

［46］龚雯．用于机械加工误差源诊断的模糊专家系统设计．现代制造工程，2005（5）.

［47］AKAGI S，FUJITA K. Building an expert system for engineering design based on the object – oriented knowledge representation concept . Transactions of the asme，Journal of mechanical design，1990，112（6）.

［48］朱云明，王贵成，樊曙天．基于神经网络的金属切削毛刺专家系统的研究及应用．中国机械工程，2005（12）.

［49］CHAMBERLAIN M A，JONEJA A，CHANG T C. Protrusion – features handling in design and manufacturing planning. Computer aided design，1993，25（1）.

［50］CATANIA G. Form – features for mechanical design and manufacturing. Journal of engineering design，1991，2（1）.

［51］CASE K，GAO J. Feature technology：an overview . Computer integrated manufacturing，1993，6（1 –2）.

［52］G BOOTHROYD，P RADOVANOVIC. Estimating the cost of machined components during the conceptual design of product. CIRP Annuals – manufacturing technology，1989（38）.

［53］朱江新．切削—挤压成形过程分析与建模方法研究．西安：西安理工大学，2006.

［54］Z DONG，W HU. Optimal process sequence and optimal process tolerance assignment in computer – aided process planning. Computers in industry，1991（17）.

［55］曹衍龙．面向制造环境的公差稳健设计方法与技术的研究．杭州：浙江大学，2003.

［56］王瑜，马玉林，吴伟国，姬舒平．加工工艺误差的分布对公差

统计分析的影响．机械研究与应用，2004（2）．

[57] 王瑜，马玉林，姬舒平．基于工序能力的公差统计分析方法的研究．机械设计与制造，2004（2）．

[58] 匡兵，黄美发，钟艳如，张晶．基于统计公差和质量损失的公差设计．系统仿真学报，2006（S2）．

[59] BRAS B，MISTREE F. A compromise decision support problem for axiomatic and robust design. ASME J of mech design，1995（117）．

[60] NGOI B K，SEOW M S. A window approach for tolerance charting . Int J prod res，1996，34（4）．

[61] NGOI B K A，ONG C T. Product and process dimensioning and toleranceing techniques：a state – of – the – art review . The international journal of advanced manufacturing technology，1998（14）．

[62] M M SFANTSIKOPOULOS. Cost optimum design of productsize range. International Conference on Engineering Design（ICED91），Zurich，1991.

[63] 赵亮．产品设计中成本工程及其关键技术研究．杭州：浙江大学，2003.

[64] JAMES REEVE. Continuous process manufacturing examples，Handbook of cost management. New York：Warren Gorham and Lamont，C3，1993.

[65] S GAMESTER. Using ABC management to justify ERP implementations. Journal of cost management，September/October，1999.

[66] 王平心，韩新民，靳庆鲁．作业成本计算、作业管理及其在我国应用的现实性．会计研究，1999（8）．

[67] 王平心，靳庆鲁，柯大纲．作业成本法在中国企业的应用探讨．中国会计与财务研究，2000（3）．

[68] ROBIN COOPER. Hierarchies of activities and ABC concepts，Handbook of cost management. New York：Warren Gorham and Lamont，D1，1993.

[69] PETER B B，TURNEY. The activity – based management cross model，Handbook of cost management. New York：Warren Gorham and Lamont，B3，1993.

[70] ROBIN COOPER，ROBER KAPLAN. Consumption vs. spending and the cost of excess capacity. Accounting Horizons，September，1992.

[71] EMILY BRODEUR. Integrating ABC and ERP Systems，http：// www. focusmanagement. com.

[72] ALTA VIA. Consulting, LIC, Stand - alin analytic ABC systems versus integrated ERP - ABC system, http://www. abctech. com.

[73] MASSIMO D FALCO. Development of a product - costing model oriented to productive capacity analysis. Manufacturing Informations System, Proceedings of the Fourth SMESME International Conference.

[74] MURRAY BEST. Software, the engine of ABC, http://www. focusmanagement. com.

[75] 陈胜群. 现代成本管理论. 北京：中国人民大学出版社，1998.

[76] 陈胜群. 企业成本管理战略. 上海：立信会计出版社，2000.

[77] 栾庆伟，何劭炜. 作业成本会计系统的开发. 会计研究，1998（3）.

[78] EAGLEHAM M A A. Decision support system for advance composite manufacturing cost estimation. Department of industrial engineering. Blacksburg, VA: Virginal Polytechnic Institute and State University, 1998.

[79] EAGLEHAM M A A, DEISENROTH M P. Advance composite manufacturing cost estimation decision support system, 6th industrial engineering research conference proceeding. Institute of industrial engineers, 1997 (6).

[80] SHERYL STAYB - FRENCH, MARTIN FISCHER. A generic feature—driven activity-based cost estimation process. Advanced engineering informatics, 2003 (17).

[81] N S ONG. Manufacturing cost estimation for PCB assembly: an activity - based approach . International journal of production economic, 1995 (38).

[82] SUBBARAMAN M, PARAMAGURU R. CAD Directed online cost estimation using activity - based costing. Industrial Engineering Research - Conference Proceeding, 1996.

[83] TAKAKUBA S. The use of simulation in activity - based costing for flexible manufacturing systems. Proceeding of the 1997 Winter Simulation Conference.

[84] TENG Y J, JIANG B C. Evaluating multiple feature - based machining methods using an activity - based cost analysis model. International journal of advanced manufacturing technology, 2000, 16 (5).

[85] OZBA YRAK M, AKGUN M, TURKER A K. Activity - based cost estimation in a push/pull advanced manufacturing system. International journal of

production economics, 2004, 87 (1).

[86] 陈晓川，刘晓冰，冯辛安．面向成本的设计中的成本构成及其估算框架的研究．中国机械工程，2001，12（5）．

[87] 赵晓光．目标成本管理方法在汽车企业新产品开发中的应用．长春：吉林大学，2005.

[88] TATIKONDA, LAKSHMI U, TATIKONDA, MOHAN V. Tools for cost - effective product design and development. Production and inventory management journal, 1994, 35 (2).

[89] ROBIN COOPER. Strategic cost management. Annual International Conference Proceedings American Production and Inventory Control Society, 1998.

[90] ROBIN COOPER, REGINE SLAGMULDER. Develop profitable new product with target costing. Sloan management review, Summer, 1999.

[91] ROBIN COOPER, REGIN, ROBERT S KAPLAN. The design of cost management system: text and cases, second edition. Upper Saddle River: Prentice Hall, 1999.

[92] ROBIN COOPER, REGINE SLAGMULDER. Achieving full cycle cost management. Sloan management review, Fall, 1994.

[93] BOBER, MICHAEL, LOGENDRAN, RASARATNAM. Methodology for quantifying the effects of product development on cost and time. IIE Transactions, 1999, 31 (4).

[94] 吴少平．现代成本管理的数量分析技术．北京：中国标准出版社，1990.

[95] 张琦，喻宪生．基于BOM的目标成本决策系统设计与实现．现代电子技术，2003（1）．

[96] 韩庆兰，肖波勇．基于目标成本分解的成本企画优化模型研究．昆明理工大学学报（理工版），2004（4）．

[97] 纪建悦，王元月，计雷．目标成本系统在新产品开发过程中的应用．中国管理科学，2001（10）．

[98] 冯巧根．构建战略成本管理理论结构的探讨．广西会计，1999（10）．

[99] 王耕，王志庆，成进，等．战略成本管理在国有制造业企业中应用的探索——兼论作业成本法．会计研究，2000（9）．

［100］刘斌，刘星，李世新．标准成本、作业成本与内转价格的结合机理．重庆大学学报（社会科学版），2002，25（11）．

［101］陈轲．成本管理的新领域：战略成本管理．北京工商大学学报（社会科学版），2002（3）．

［102］焦跃华，袁天荣．论战略成本管理的基本思想与方法．会计研究，2001（2）．

［103］胡奕明．ABC、ABM在我国企业的自发形成与发展．会计研究，2001（3）．

［104］张瑞君，殷建红，莫晓平．企业集团财务集中管理模式——e化财务集中管理模式的基本框架．管理世界，2004（2）．

［105］郑辉，贾春福，袁晓洁，等．制造型企业成本分析原型系统设计与实现．计算机集成制造系统，2001，7（1）．

［106］胡树华，李必强．论产品成本设计．机械设计与研究，1998（2）．

［107］陈晓川．并行工程中面向成本的设计的理论与方法的研究．大连：大连理工大学，2000.

［108］冉秋红．战略成本管理的观念、方法与应用．中国软科学，2001（5）．

［109］焦跃华，袁天荣．论战略成本管理的基本思想与方法．会计研究，2001（2）．

［110］郑大喜．成本企划的起源、特点及其运用．上海会计，2003（7）．

［111］王燕涛，黄克正，李旭东．计算机支持协同产品设计研究．青岛大学学报，2003（6）．

［112］傅川，金烨，张黎成．产品异地协同设计模型的研究与实现．工程图学学报，2003（2）．

［113］肖波勇．基于协同产品开发的战略成本管理研究．长沙：中南大学，2004.

［114］庞罕，许超，王霞，张爱梅．面向个性化生产的成本估算系统的研究与实现．中国制造业信息化，2004（11）．

［115］胡仕成．面向产品实现过程的集成化成本控制与优化模式．哈尔滨：哈尔滨工业大学，2004.

［116］杨国荣．PDM技术工程应用研究．西安：西北工业大学，2000.

[117] 蒋志强，施进发．基于PDM的企业CAD/CAPP/CAM信息集成框架研究．工业工程，2000（3-4）．

[118] 王敏，阎献国．网络化的PDM系统及其文档管理研究．现代制造工程，2006（1）．

[119] 李涛，钟诗胜．PDM系统中工作流与过程管理模型的建立．哈尔滨工业大学学报，2006（6）．

[120] 史俊友．PDM环境下基于产品配置的产品族管理系统．机械制造，2006（4）．

[121] 谢习华，何清华，周亮．基于柔性结构的产品数据管理信息分类编码方法．计算机集成制造系统，2005（12）．

[122] 戴庆辉，黄继明．CAD技术在产品设计中的应用现状．机床与液压，2006（1）．

[123] 张炜，祝勇仁，黄金永．基于CAD的PDM技术的研究与应用．轻工机械，2006（3）．

[124] 黄国青，李建峰．CAPP系统中典型工艺知识的应用研究．机械科学与技术，2006（4）．

[125] 韦志民．基于集成一体化的ERP供应链管理系统．装备制造技术，2005（1）．

[126] ROBIN COOPER，REGINE SLAGMULDER. Target costing for new product development. Journal of cost management，2002（16）．

[127] ROOBIN COOPER. Cost classification in unit-based manufacturing cost systems. Journal of cost management，Fall，1990.

[128] TSENG M，JIAO JIANXIN. Design for mass customization. Annuals of the CIRP，1996，45（1）．

[129] 李一智，商务决策数量方法．北京：经济科学出版社，2003.

[130] 高健，等．零件设计与制造域间特征映射数学模型的研究．机械工程学报，1998，34（4）．

[131] 胡庆夕，秦鹏飞．面向制造基于特征的零件定义模型的研究及其应用．小型微型计算机系统，1999，20（4）．

[132] 赵亮，冯培恩，潘双夏．面向产品设计的成本工程系统方法与技术的研究．计算机辅助设计与图形学学报，2001（3）．

[133] 陈晓川，冯辛安．面向成本的设计中的多域特征映射研究．机械科学与技术，2002，21（2）．

[134] 戴春来，等．支持并行设计的特征设计系统研究．高技术通讯，2002（6）．

[135] PRAT M J，WILSON P R. Requirements for support of from features in a solid modeling systems. R－85－ASPP－01C AM－I Inc. Arlington，Texas，USA，1985.

[136] 许建新，张铁昌．面向集成制造系统的零件特征建模技术．机械科学与技术，1997，16（1）．

[137] 窦万峰，王保保，魏天功，徐国华．面向并行工程的多域特征映射方法学研究．机械设计，1998，15（9）．

[138] 郑德涛．集成制造中的特征映射技术．北京：机械工业出版社，1999.

[139] 杨炳儒．知识工程与知识发现．北京：冶金工业出版社，2000.

[140] 赵瑞清，等．知识表示与推理．北京：气象出版社，1991.

[141] 陈利南．基于知识管理的成本控制模式．长沙：中南大学，2007.

[142] 姜跃，朱光菊，等．基于模糊逻辑的产生式—框架的知识表示及推理研究．云南大学学报（自然科学版），2007（S2）．

[143] 刘晓冰，杨春立，孙伟．产品设计知识库建立方法研究．计算机集成制造系统，2003（8）．

[144] 朱连章，杨杰．对象/关系映射的基本策略．微计算机应用，2006（9）．

[145] 颜见雄．支持产品设计决策的成本信息分析．西安：西北工业大学，2006.

[146] 韩庆兰，陈利南．一种降低成本的新视角——“设计成本中心”的研究．财务与会计，2007（9）．

[147] TANAKA M. Cost planning and control systems in the design phase of a new product. New York：Productivity Press，1989.

[148] ROSENBERG O. Variantenfertigung. in KERN W，SCHRODER H H，WEBER J. Handworterbuch der productions wirtschaft. 2 Aufl. Stuttgart：chaffer－Peschel，1996.

[149] 姜少飞．机械产品设计过程成本决策及控制方法与技术研究．杭州：浙江大学，2003.

[150] FISCHER D. Kostenanalyse von stirnzahnrädern: Erarbeitung und vergleich von hilfsmitteln zur kostenfrüherkennung. München: TU, Diss, 1983.

[151] FRANKE H J. Betucksichting der produkt – gesamkosten bei konzeption und gestaltung von maschinen und geraten. Dusseldorf: VDI – Verlag, 1982.

[152] BAUMANN G. Systemstudie fur die erstellung eines kostenfrukherkennungsver – fahrens in der Einzelfertingung. Munchen: TU, Lehrstuhl ful Konstrukion im Maschinenbau, Unveroffentlichte Diplomarbeit, 1978.

[153] BRONNER A. Angebots – und projektkalkulationene – leitfaden fur praktiker. Berlin: Springer, 1996.

[154] NIEMANN G, EINTER H. Maschinenelemente Ⅱ. Berlin: Springer, 1993.

[155] EHRLENSPIEL K. Integrierte produktentwicklung. Methoded fur die prozebroganisation, produkterstellung und konstruktion. 3 Aufl. Munchen: Hanser, 2006.

[156] VDI – ZERTRUM WERTANALYSE (HRSG). Wertanalyse: Idee-Methode-System. 4 Aufl. Dusseldorf: VDI – Verlag, 1995.

[157] KLAUS EHRLENSPIEL, ALFONS KIEWERT, UDO LINDEMANN. Cost – efficient design. New York: Springer, 2007.

[158] GLEICH R. Target costing für die montierende industrie. Munchen: Vahlen, 1996.

[159] 林森，但斌．面向大规模定制的产品平台管理模型．管理工程学报，2005（1）．

[160] 王德生．产品平台的产品结构管理．中外管理导报，2001（9）．

[161] 李治，陈子顺．面向大规模定制的产品族设计．河北工业大学成人教育学院学报，2006（4）．

[162] 李喆，吕鹃．基于大规模定制产品族设计的供应链管理．西安电子科技大学学报（社会科学版），2005（3）．

[163] 但斌，冯韬．基于 GBOM 的产品族结构模型和配置方法．管理学报，2005（4）．

[164] 陈新，郑璇．企业知识管理成本浅析．科技情报开发与经济，2006（13）．

[165] 王健．浅谈人力资源管理中的成本控制．知识经济，2008（6）．

[166] 关显龙．论企业成本控制过程中的问题及对策．知识经济，2008（4）．

[167] 梁军．浅议成本控制．科技创新导报，2008（13）．

[168] 韩庆兰．基于知识管理的成本控制研究．财务与金融，2008（3）．

[169] HAN QINGLAN. Research on execution of modern cost management and orientation of responsibility cost center for mechanical manufacturing. Proceeding of 2007 International Conference on Management Science and Engineering，2007.

[170] CAI JUN，Q HAN. Frame knowledge representation system of cost reduction in product design process. International Conference on Management Innovation，2007.

[171] 李成贵，唐任仲．面向设计的产品成本估算方法研究．机电工程，2005（5）．

[172] 许志兴，丁运亮，陆金桂．基于模糊贴近度的机械零件成本预测方法的研究．机械设计，2000（5）．

[173] 高伟，殷国富，等．辅助型工艺知识库组成及知识获取方法．计算机集成制造系统，2004（10）．

[174] 李治，金先龙，贾怀玉，朱晓魏．产品设计知识的表示与重用技术．上海交通大学学报，2006，40（7）．

后　记

本书基于个人的博士学位论文而成。攻读博士学位的过程令我毕生难忘，其中有过风光得意，也有过失意彷徨，在本书最终形成之际，我心存感激之情。在本书写作期间，我得到了各位老师、同学和家人的大力支持和帮助，特借此机会向他们表示最衷心的感谢！

首先，要感谢我最尊敬的导师韩庆兰教授。韩老师曾是我的硕士生导师，长期以来，韩老师既是长辈，也是我的恩师。韩老师不仅在生活上如亲人般关心我，还在学业上对我严格要求，尽心辅导。正是在韩老师的悉心指导和鼓励下，我才得以最终完成学业。韩老师一丝不苟的作风，严谨求实的态度，踏踏实实的精神，不仅授我以知识，而且教我做人，在此对她致以深深的谢意。

在本书写作期间，我得到了各位老师的关心和帮助。这里要特别感谢同一项目组的陈利南、高艳、罗娟三位同学，本书获得了她们的大力支持，书中也部分引用了她们的研究成果，在此一并表示深深的谢意。

蔡　军

2017 年 7 月于广州